JORNALISTAS-INTELECTUAIS NO BRASIL

Dados Internacionais de Catalogação na Publicação (CIP)
(Câmara Brasileira do Livro, SP, Brasil)

Pereira, Fábio
   Jornalistas-intelectuais no Brasil / Fábio Pereira. – São Paulo :
Summus, 2011.

   Bibliografia.
   ISBN 978-85-323-0717-0

   1. Intelectuais - Brasil 2. Jornalismo - Brasil 3. Jornalismo como
profissão 4. Jornalistas - Brasil I. Título.

11-06556   CDD-070.023

Índice para catálogo sistemático:
1. Jornalistas-intelectuais 070.023

Compre em lugar de fotocopiar.
Cada real que você dá por um livro recompensa seus autores
e os convida a produzir mais sobre o tema;
incentiva seus editores a encomendar, traduzir e publicar
outras obras sobre o assunto;
e paga aos livreiros por estocar e levar até você livros
para a sua informação e o seu entretenimento.
Cada real que você dá pela fotocópia não autorizada de um livro
financia o crime
e ajuda a matar a produção intelectual de seu país.

JORNALISTAS-INTELECTUAIS NO BRASIL

Fábio Pereira

JORNALISTAS-INTELECTUAIS NO BRASIL
Copyright © 2011 by Fábio Pereira
Direitos desta edição reservados por Summus Editorial

Editora executiva: **Soraia Bini Cury**
Editora assistente: **Salete Del Guerra**
Capa: **Alberto Mateus**
Projeto gráfico e diagramação: **Crayon Editorial**
Impressão: **Sumago Gráfica Editorial**

Summus Editorial
Departamento editorial
Rua Itapicuru, 613 – 7º andar
05006-000 – São Paulo – SP
Fone: (11) 3872-3322
Fax: (11) 3872-7476
http://www.summus.com.br
e-mail: summus@summus.com.br

Atendimento ao consumidor
Summus Editorial
Fone: (11) 3865-9890

Vendas por atacado
Fone: (11) 3873-8638
Fax: (11) 3873-7085
e-mail: vendas@summus.com.br

Impresso no Brasil

Ao meu pai,
dedicado e rabugento
como todo bom intelectual.

Agradecimentos

Este livro é o resultado da pesquisa de doutorado que desenvolvi no Programa de Pós-Graduação em Comunicação da Universidade de Brasília (UnB). Para sua realização pude contar com uma bela rede de amigos, colegas e colaboradores. Gostaria de citar alguns deles e peço desculpas por eventuais esquecimentos.

Antes de tudo, foi fundamental a ajuda da professora Zélia Adghirni, orientadora desta pesquisa, companheira de várias aventuras acadêmicas e a quem atribuo, com muito orgulho, minha filiação intelectual. Agradeço também aos dez jornalistas-intelectuais que decidiram colaborar com este trabalho: Adísia Sá, Alberto Dines, Antônio Hohlfeldt, Carlos Chagas, Carlos Heitor Cony, Flávio Tavares, Juremir Machado da Silva, Mino Carta, Raimundo Pereira e Zuenir Ventura. Também sou grato ao meu co-orientador, professor Denis Ruellan, pelos conselhos e lições sobre sociologia profissional. Agradeço também a gentileza com que me recebeu e tratou durante todo o ano que passei na França, por ocasião do meu estágio de doutoramento.

Alguns professores atuaram como meus orientadores informais e deram importantes contribuições para esta pesquisa. Destaco: Dione Moura, Jandyra Cunha, Luiz Gonzaga Motta, Luiz Martins da Silva, Sérgio D. Porto e France Aubin. A ajuda que tive dos colegas de curso Graça Monteiro, Elizena Rossi, Ricardo Silveira, Pedro Noleto e Olivier Tredan me permitiu avançar em várias questões, revisar pressupostos teóricos e partilhar da angústia de produzir uma pesquisa de doutorado. Tive também o prazer de contar com a amizade e a ajuda da professora Thaïs de Mendonça, entusiasta do bom texto jornalístico e da reportagem bem apurada.

Carlinhos Muller, Chico Dutra, Franci de Moraes e Rafael Barbosa tiveram a gentileza de revisar os originais deste livro. Agradeço também a Soraia Cury e à equipe da Summus Editorial pela seriedade demonstrada durante o processo de edição.

Agradeço à família pela paciência. Expresso ainda meu carinho por Regina Lúcia de Oliveira, secretária da pós-graduação, que tem acompanhado, com serenidade e bom humor, toda minha trajetória acadêmica.

Muito obrigado a todos que, de alguma forma, participaram deste trabalho. Espero que o livro reflita a ajuda que recebi de vocês.

Sumário

Prefácio – O que define o jornalista como autor?   13

Introdução   17

1. Mídia, intelectuais e jornalistas-intelectuais   21

2. As interações e o mundo social dos jornalistas:
como se constroem as identidades?   31

3. A escolha dos jornalistas-intelectuais:
pertencimento, notoriedade, engajamento e representatividade   39

4. As definições dos entrevistados: o jornalismo,
os jornalistas e os intelectuais   47

5. Negociando estatutos, construindo uma identidade:
as interações entre os jornalistas-intelectuais e o pesquisador   61

6. O caráter coletivo da identidade dos
jornalistas-intelectuais: reputação e práticas sociais   89

7. Os jornalistas-intelectuais e as
transformações no jornalismo brasileiro   141

8. Os processos de segmentação no mundo dos jornalistas   163

Palavras finais   171

Referências bibliográficas   175

O filósofo público, hoje, não sou eu, mas você. Eu não represento mais nada. É o jornalista que dá vida às mensagens. Nao eu. Quando a mídia tomar conta totalmente do "poder intelectual", o que ela vai fazer?

MICHEL SERRES, FILÓSOFO FRANCÊS, RESPONDENDO A UM JORNALISTA

À medida que a vida avança, deixamos três ou quatro imagens de nós, diferentes umas das outras, e as remetemos em seguida ao vapor do passado como retratos de nossas diferentes idades.

FRANÇOIS-RENÉ DE CHATEAUBRIAND, *MÉMOIRES D'OUTRE-TOMBE*

Prefácio – O que define o jornalista como autor?

Cremilda Medina[1]

No verão de 1981, eu chegava, acalorada e tensa, ao apartamento do intelectual português Vergílio Ferreira em Lisboa. Fui conduzida ao escritório no fundo do apartamento, passando pelo corredor lotado de livros. O dono da casa me convidou a sentar à sua frente e, ereto, com expressão austera, inquiriu-me: "Afinal, qual é seu trabalho?" Logo me apresentei como jornalista que vinha reunir uma série de depoimentos dos escritores contemporâneos em Portugal. Acrescentei, naquele momento, com ousadia: posteriormente faria o mesmo com os autores brasileiros e os africanos de língua portuguesa. Vergílio Ferreira contra-atacou: "Mas então trabalha com as literaturas?" Respondi de imediato: não sou nem crítica nem historiadora, sou jornalista e estou aqui para colher sua palavra, gosto muito da ficção que escreve, mas queria ouvi-lo também sobre a literatura portuguesa contemporânea e seu processo de criação. (Pensei cá com os meus botões, será que o consagrado intelectual ali na minha frente vai me aceitar como simples repórter?) Assumiu uma posição de juiz europeu e afirmou com segurança: "Para mim, a literatura latino-americana só existe em Jorge Luis Borges e isto porque Borges não é nem argentino nem latino-americano, é muito mais inglês..." (Fiquei inquieta, não pude calar.) "Desculpe, Vergílio, mas não posso concordar; conheço bem a obra de Borges que, por sinal, consegui publicar no Brasil pela Editora Globo de Porto Alegre, no fim dos anos 1960, antes de me mudar para São Paulo, e penso que seus textos têm uma marca portenha e argentina indiscutíveis." O autor de *Alegria breve* me encarou com espanto, curvou-se levemente em minha direção e o brilho dos olhos passou uma nova mensagem. A partir daí a conversa fluiu com cumplicidade e respeito mútuo.

Vergílio Ferreira (1916-1996) tem sido uma referência exemplar de como na cultura europeia há uma fronteira entre jornalista e intelectual. À época em que me dediquei ao trabalho das literaturas de língua portuguesa, de 1982 a 1987,

---

1 Cremilda Medina é jornalista, pesquisadora e professora titular da Escola de Comunicações e Artes da Universidade de São Paulo. Autora de 14 livros, sendo o mais recente *Ciência e jornalismo – Da herança positivista ao diálogo dos afetos* (Summus, 2008), organizou 50 coletâneas, entre as quais as séries São Paulo de Perfil e Novo Pacto da Ciência.

quem escrevia sobre o tema era quase sempre o crítico acadêmico ou o jornalista que assumia a face de escritor, comentarista, ensaísta. Era inconcebível o mapeamento e uma aproximação abrangente da produção literária pela reportagem jornalística. Por outro lado, a vertente opinativa (da crítica literária) frequentava o espaço nobre do jornalismo sempre associada a intelectuais, uma casta distinta dos jornalistas. Daí a importância da presente reflexão de Fábio Pereira neste livro.

Originária de tese de doutorado defendida na Universidade de Brasília em 2008, a obra percorre os caminhos da construção identitária dos jornalistas-intelectuais no Brasil. Ao escolher um grupo de profissionais cujo eu biográfico responde às suas interrogações – Adísia Sá, Alberto Dines, Antônio Hohlfeldt, Carlos Chagas, Carlos Heitor Cony, Flávio Tavares, Juremir Machado da Silva, Mino Carta, Raimundo Pereira e Zuenir Ventura –, o pesquisador partilha com o leitor as sutilezas das fronteiras mestiças. Embora a tradição europeia, com ênfase na bibliografia francesa, estabeleça marcos que separam o jornalista como uma espécie de técnico, hierarquicamente abaixo do intelectual pleno, a leitura rigorosa de Fábio Pereira conduz a encruzilhadas e cruzamentos em que fica difícil a separação entre "raça pura" e "raça impura".

A essência do percurso da pesquisa reside na articulação indivíduo-sociedade, fruto de processos de negociação simbólica. Ou o que os neurocientistas atribuem à mente consciente ou inteligência humana (vide António Damásio, *O livro da consciência: a construção do cérebro consciente*, Lisboa, Temas e Debates/Círculo dos Leitores, 2010). Ora, nesse sentido, a produção simbólica que daí decorre não é intelectualmente nobre nem subalterna. Fábio Pereira, no entanto, persiste na busca das balizas de identidades dos assim nomeados intelectuais e dos jornalistas, conforme valores culturais e reflexão acadêmica. Ao fim e ao cabo ficariam categorizados como intelectuais os cientistas, os ensaístas e os artistas (escritores, é claro, aí incluídos). Para isso, o autor se vale da análise das motivações, das definições intencionais e das carreiras que acabam por fixar certas coerências na experiência individual e nas culturas. Mas o residual hierárquico positivista, muito bem sistematizado por Augusto Comte, prossegue alijando o jornalista da classe dos intelectuais. O estudo que o livro faz do estatuto e reputação dos jornalistas-intelectuais bem demonstra a resistência dos valores hierárquicos por mais que se conteste esse paradigma.

Na arquitetura do livro de Fábio Pereira há uma parte dedicada aos contextos históricos, em que o capítulo da profissionalização do jornalista, cujos alicerces estão no fim do século XIX, oferece chaves significativas para desconstruir dogmas persistentes. Tão logo se percebe a complexidade das sociedades contemporâneas, da era urbano-industrial à era digital, fica inviável segregar a presença do repórter como não intelectual diante do intelectual-editorialista, cronista, comentarista e crítico. O Brasil, aliás, já tem uma bibliografia substantiva que põe em destaque o que define o jornalista: a mediação (ou negociação simbólica) autoral. Toda a massa crítica acumulada nas escolas de jornalismo desde os anos 1940 consubstancia-se na identidade autoral do jornalista. As grandes narrativas não teriam a importância sociopolítica e cultural que têm sem essa assinatura original. A interpretação do acontecimento contemporâneo antecipa, na reportagem, os possíveis julgamentos e opiniões consistentes que dela decorrerem em uma cobertura jornalística de fôlego.

Não é, pois, de estranhar as trajetórias híbridas e o desaparecimento do hífen em jornalistas-intelectuais. Se, como diz o autor, "a margem de manobra do jornalista no mundo social" é muitas vezes afetada pelo conflito empresarial, quase sempre o jornalista que se constitui em autor tem armas para negociar ou, no limite, romper o vínculo empregatício, perante as pressões patronais, editoriais ou de ameaça ética à sua reputação. Também nesse campo, a universidade tem um peso decisivo na discussão que se trava à luz da convivência socioacadêmica. Aliás, Fábio Pereira colhe nos depoimentos dos jornalistas por ele selecionados visões de mundo que confluem na tríade que constitui a solidez da autoria: ética, técnica e estética.

Os momentos macrossociais do século XX que o livro enfatiza são preciosos para uma constante reflexão, seja pelo ângulo da militância política nas ditaduras, seja pelas leituras possíveis de país. E aí não se pode padecer de saudosismo dos anos 1950-1960 ou de interrupções e cortes históricos, se, partindo de uma visão processual, atualizamos permanentemente os desafios da formação profissional. Hoje os pesquisadores se debruçam sobre as tendências do século XXI e debatem problemas epistemológicos inter e transdisciplinares que põem à prova qualquer intelectual, entre eles o comunicador social. A segmentação dos conteúdos e a falta da articulação inteligente dos nexos de significação da circunstância humana constituem um bom exemplo; a pedagogia contemporânea, por sua vez, está procurando novas respostas para o estatuto do professor na formação autoral; a prática democrática exigiria a ampliação dos observatórios de crítica dos meios como espaço dialógico da cidadania; no plano da individualidade criativa, uma questão recorrente por resolver – os direitos de autor nas infovias ou, para voltar aos séculos anteriores, a liberdade de expressão e o direito social à informação. Eis um pequeno itinerário com que as mentes conscientes se confrontam no cotidiano do jornalismo, na ciência acadêmica ou na reflexão ensaística.

Os protagonistas da cena aberta neste livro se subdividem em jornalistas, jornalistas-escritores, escritores-jornalistas, jornalistas-acadêmicos, acadêmicos, ensaístas e ficcionistas. Cavacos do ofício da categorização, dos gêneros ou da hierarquia. A decisão biográfica de fato cria caminhos e cercas, mas a experiência de vida, os estudos e a reflexão passam pela mente e resultam no denominador

· 15 ·

comum da produção intelectual: administrar, compreender e transformar os dados de realidade. E o que faz o jornalista quando levanta informações, administra uma pauta, sai a campo para articular significados e cria uma narrativa de indiscutível autoria? Em que se diferencia de outros intelectuais? Em densidade e complexidade? Não. Em mapeamento e descoberta? Não. No brilho de histórias de vida? Não. Em valorização das raízes históricas? Não. Em afloramento de marcas de identidade? Não. A narrativa autoral do jornalista só se distingue de outras narrativas inteligentes pela urgência da contemporaneidade e pela linguagem do diálogo social que pesquisa a vida inteira.

Eis o que o intelectual Fábio Pereira nos inspira.

Introdução

O sociólogo alemão Max Weber afirmou, certa vez, que o jornalista costuma ser visto pela sociedade como o integrante da casta dos párias, geralmente definido por seu representante eticamente mais baixo. Segundo ele, as pessoas esqueciam que a realização jornalística exige pelo menos tanto "gênio" quanto realização erudita (Weber, 1985). A citação weberiana ilustra uma tensão recorrente sempre que nos referimos ao jornalista. Pária ou gênio, empregado ou profissional liberal, técnico ou intelectual, parece não haver consenso sobre o tipo de adjetivo utilizado para definir aqueles que praticam o jornalismo.

Neste livro, decidimos analisar essa contradição, debruçando-nos sobre o lado mais nobre da identidade profissional. Investigaremos um grupo de dez "jornalistas-intelectuais brasileiros": Adísia Sá, Alberto Dines, Antônio Hohlfeldt, Carlos Chagas, Carlos Heitor Cony, Flávio Tavares, Juremir Machado da Silva, Mino Carta, Raimundo Pereira e Zuenir Ventura.

Entendemos como jornalistas-intelectuais os indivíduos que dividem a vida entre a prática nas redações e outras atividades intelectuais, como a produção de obras artísticas e literárias, o pensar crítico sobre o mundo e o engajamento em questões políticas e sociais. É como se essas pessoas resolvessem ser "algo mais que simples jornalistas", tornando-se escritores, professores, pensadores, militantes etc.

Os jornalistas-intelectuais exercem um papel político associado à imagem do intelectual à francesa. Eles se engajariam no espaço público em defesa de valores abstratos e universais e em defesa dos direitos do homem – "diante do qual o intelectual se ergue como portador das exigências da razão, da verdade, da liberdade, da tolerância, da compreensão, do amor e da piedade" (Bobbio, 1997, p. 59).

Diariamente, esbarramos com esses jornalistas-intelectuais na mídia, nas livrarias e bibliotecas, nas universidades, nas rodas de leitura e nos espaços de debate intelectual. Eles merecem nossa atenção justamente porque sua trajetória evidencia as tensões que marcam as relações entre o meio jornalístico e o meio intelectual no Brasil.

Jornalistas e intelectuais, a dupla profissionalização

Podemos afirmar que, até a primeira metade do século XX, os jornalistas e os intelectuais brasileiros mantinham uma relação muito próxima. O jornal era visto como um espaço de exercício político e literário. Intelectuais intervinham frequentemente na imprensa para expressar posicionamentos políticos, publicar crônicas, contos, poemas e folhetins. E também para receber algum tipo de remuneração, pois dificilmente sobreviviam apenas da atividade intelectual. Os jornalistas que tinham a ambição de se tornar escritores ou políticos também se utilizavam das redações como uma espécie de trampolim para a futura carreira.

As transformações que atingiram o meio jornalístico a partir dos anos 1950 introduziram novos padrões na produção de notícias. Elas trouxeram um estilo narrativo próprio (o lide, a pirâmide invertida) e um conjunto de métodos e técnicas que permitiam lidar com a realidade social (a entrevista e a reportagem objetiva). Trouxeram também valores e padrões para avaliar e distinguir o jornalista profissional e o diletante, o bom e o mau jornalista, o indivíduo bem-sucedido e o fracassado. É dessa forma que se começa a falar em carreiras profissionais específicas para o jornalismo, na busca do sucesso e do prestígio na profissão – o que não se confunde necessariamente com a reputação como intelectual.

Nessa mesma época, os intelectuais deixam o espaço das redações e constituem carreiras profissionais e estatutos autônomos, atuando como artistas, professores, escritores e filósofos. Suas intervenções no jornalismo também passam a ser pautadas por regras e valores distintos. Se antes o jornal era visto como uma espécie de porta-voz de posições políticas, ou como um espaço de diálogo e de experimentação literária, a profissionalização da intelectualidade transforma os modos de colaboração do intelectual na mídia. Ele agora deve se portar como fonte de informação, *expert* ou articulista.

O resultado desses processos é uma distinção entre o jornalista e o intelectual no Brasil. Mas como aconteceu, de fato, essa separação? E como ela afeta o jornalista-intelectual, sua identidade, suas práticas e visões de mundo? Este livro investiga essas questões analisando as trajetórias de alguns jornalistas-intelectuais. Também busca verificar como eles adquirem sua reputação a partir das escolhas feitas no contexto das mudanças que têm afetado o meio cultural brasileiro desde a década de 1950.

Optamos por trabalhar com as histórias de vida dos jornalistas-intelectuais escolhidos. O método permite recuperar a trajetória dessas pessoas baseando-se na forma como elas reconstroem suas experiências. Trata-se de um procedimento versátil, que parte de uma narrativa individual para lançar luz sobre um evento social de maior porte.

Para compor as histórias de vida, realizamos entrevistas em profundidade e ao vivo com dez jornalistas-intelectuais. Abordamos a trajetória dessas pessoas, procuramos captar sentimentos, crenças e desejos. Utilizamos ainda fontes documentais, como entrevistas, biografias e reportagens publicadas sobre a vida e a obra dos entrevistados, coletadas em jornais, revistas, livros, internet e artigos acadêmicos. Finalmente, fizemos uso de documentos redigidos pelos próprios jornalistas-intelectuais: trabalhos acadêmicos, livros-reportagem, memórias, autobiografias e mesmo romances que, de alguma forma, fazem referência às suas trajetórias, seus valores, suas visões sobre o jornalismo e sobre o trabalho intelectual. O uso desse segundo tipo de fonte se encontra devidamente referenciado no decorrer do texto, a fim de diferenciá-lo do material inédito, colhido por meio das entrevistas exclusivas.

A redação deste livro reflete um sentimento de nostalgia. Em certo momento, pretendi ir em busca de um tempo perdido, em que as redações eram "fagulhas" e os jornalistas, pessoas "luminares" – nas palavras de Alberto Dines. Ao final, não será possível retornar a essa mítica "idade de ouro" das redações. Mas, pelo menos, consegui entender como a herança intelectual do jornalismo deixou alguns reflexos na profissão e ajudou a gerar esse pequeno grupo de jornalistas-intelectuais.

1. Mídia, intelectuais e jornalistas-intelectuais

Neste capítulo serão trabalhados estudos sobre as relações entre os meios de comunicação e a figura do intelectual. Busca-se compreender em que sentido as transformações na identidade e na prática da intelectualidade estão ligadas à influência dos meios de comunicação no espaço público – e também esboçar uma definição mais precisa dos jornalistas-intelectuais.

O debate francês sobre as relações entre os intelectuais e os meios de comunicação

Talvez em nenhum outro lugar do mundo a categoria de intelectuais tenha alcançado tanta influência e repercussão social como na França. Haveria naquele país o que France Aubin chamou de "amálgama francês do intelectual", uma representação social da categoria, nascida no final do século XIX, momento de grandes transformações no meio cultural francês. Nesse período, um grupo de indivíduos se descola do restante das profissões liberais em busca de uma identidade própria, fundada na "criação de novos meios de intervenção [no espaço público], pela busca de novos públicos e por sua contribuição à elaboração ou à difusão de novas ideologias que questionam as clivagens políticas em causa" (Charle, 1990, p. 98). Nasciam os "intelectuais", na acepção mais estrita do termo.

Os debates em torno do caso Dreyfus, erro judicial cometido em um caso de espionagem que condenou injustamente à prisão o capitão judeu Alfred Dreyfus[2], são o balão de ensaio das polêmicas que suscitam uma nova forma de engajamento público dessa categoria. É o momento em que o neologismo "intelectual" adquire, em sua conotação substantivada, uma significação coletiva e social. O termo foi

---

2 O caso teve início em 1894, quando Alfred Dreyfus, capitão do exército francês, judeu de origem alsaciana, foi acusado de entregar aos alemães documentos que continham segredos de Estado. Condenado, foi preso por traição e deportado para a prisão, na Ilha do Diabo. A partir de 1897, a família de Dreyfus conseguiu sensibilizar parte da classe intelectual e política na França em torno da fragilidade das provas que levaram à sua condenação. Teve início um debate que mobilizou todo o país e contou com intensa participação dos intelectuais e da imprensa. Somente em 1906 a inocência de Dreyfus foi oficialmente reconhecida, tendo ele sido reintegrado ao exército francês.

usado pela primeira vez por George Clemenceau, editorialista do jornal *l'Aurore*, publicação em que o escritor Émile Zola divulgou o famoso manifesto "J'accuse" ("Eu acuso"), em defesa de Dreyfus. O manifesto passa a ser considerado o protótipo das formas de intervenção pública do intelectual. A mesma palavra foi reutilizada, mais tarde, pelo escritor e político Maurice Barrés para ridicularizar os ensaístas e escritores que colocavam em segundo plano a defesa da nação francesa para defender a causa de Dreyfus. Assim, o nascimento dos intelectuais na França se constrói pelo engajamento no espaço público em favor de valores universais e abstratos (verdade e justiça), mais tarde incorporados ao direito internacional, em oposição aos argumentos de autoridade e ordem, ligados à razão do Estado.

O intelectual não se define por uma função ou estatuto, mas pelo ato de intervir na política, manifesto e fundado sobre esses valores. Segundo Aubin (2006, p. 35): "A filosofia do engajamento devia desembocar na ação e esta ação devia escolher seu campo". Ao lutar pela inocência do capitão Alfred Dreyfus, os intelectuais também se faziam escutar, afirmavam sua autoridade e se consagravam no primeiro plano da história política e cultural da França.

A crise do intelectual na França

A força como esse amálgama se constitui naquele país talvez explique a intensidade dos debates iniciados a partir da década de 1970, quando uma série de transformações na configuração política e cultural leva a um movimento de rejeição do modelo constituído a partir do caso Dreyfus. O que se observa é uma relativa perda de autonomia dos intelectuais e a submissão das suas intervenções aos mecanismos de consagração impostos pela mídia. Assim, a categoria enfrentaria uma situação de "crise" ou "declínio" de sua legitimidade no espaço público francês.

Esse debate havia sido antecipado no início dos anos 1970 pelo filósofo Michel Foucault, que se empenhou na defesa do que ele chamou de "intelectual específico". A intenção do autor de *Vigiar e punir* seria a de romper com o arquétipo do "intelectual total", de formação generalista, capaz de falar sobre tudo; privilegiando, no seu lugar, as intervenções mais pontuais do sábio-especialista. Foucault, na verdade, não queria condenar um modelo que já estava historicamente consolidado na França e cuja figura mais notória era a do filósofo e escritor existencialista Jean-Paul Sartre. Sua intenção era propor novas formas de intervenção do professor universitário no espaço público, tendo em vista o crescente poder dos meios de comunicação e dos seus "intelectuais midiáticos".

Outro pensador que já alertava para a crise da intelectualidade era Régis Debray. Em 1979, ele publica *Le pouvoir intellectuel en France* ["O poder intelectual na França"]. Na análise, divide o cenário intelectual francês em três ciclos: o universitário (1880-1930), o editorial (1920-1960) – que seria, segundo ele, a "idade de ouro" do pensamento francês – e o midiático (iniciado em 1968). As conclusões de Debray (1979) denotam certo pessimismo ao comentar as mudanças que levam ao advento do intelectual midiatizado. Para ele, a submissão à lógica mercantil imposta pelos meios de comunicação representaria o "pesadelo" para uma categoria historicamente definida pela autonomia de suas intervenções.

As preocupações de Foucault e Debray antecipam um debate que toma conta do espaço público francês na década de 1980. Naquela década proliferam na França publicações dos próprios intelectuais, que manifestam uma crescente inquietação com a suposta crise da categoria. Em 1980, morre Jean-Paul Sartre. Em resposta, o editor-chefe do *Le Débat*, Pierre Nora (*apud* Buxton, 2005, p. 19), publica o editorial "Que peuvent les intellectuels?" ["O que podem os intelectuais?"], em que alerta para a falta de prestígio do grupo e propõe que se abandone o uso do termo naquele país:

> O intelectual-oráculo teve o seu tempo. Ninguém mais terá a ideia de perguntar a Michel Foucault, como outrora se perguntava a Sartre, se deve se engajar na Legião Estrangeira ou persuadir a namorada a fazer um aborto. Por maior que seja o seu prestígio, ele não é mais sacerdotal. O intelectual se laicizou fortemente, seu profetismo mudou de estilo. O investimento no meio científico afundou o intelectual em uma grande rede de grupos e de créditos.

O pessimismo de Nora é justificável. Em poucos anos, o meio intelectual francês perde, além de Sartre, outras figuras influentes, como Raymond Aron, Jacques Lacan, Roland Barthes, Michel Foucault e Louis Althusser. De certa forma, essas mortes alimentaram uma espécie de discurso de "nostalgia de uma geração" (na verdade, são duas gerações). Nessa mesma época, observa-se o declínio dos saberes humanísticos defendidos pelos intelectuais e maior valorização do conhecimento técnico. Outro fator importante para a sensação de crise é o nascimento de uma literatura analítica, que exprime um ceticismo em relação ao grupo, publicada por autores como Pierre Bourdieu e o próprio Régis Debray.

O declínio da influência das ideologias de esquerda na França, sobretudo com a decepção provocada com o desempenho dos socialistas no poder em 1981, também contribuiu para que vários intelectuais, comunistas ou simpatizantes, revissem o seu papel na sociedade. Em pouco tempo, essas pessoas começam a abandonar as ideologias de esquerda e a crença na sua própria capacidade de influenciar o debate político por meio das ideias. Nesse período, aparecem vários livros de ex-militantes maoístas relatando experiências e defendendo suas conversões no interior do espaço intelectual francês.

Finalmente, teria havido uma alteração nos modos tradicionais de intervenção dos intelectuais, antigamente baseados na realização de manifestos, passeatas e artigos. A mudança vem acompanhada de uma perda da legitimidade fundamentada no saber superior e no engajamento político e ideológico. Em seu lugar, impõe-se a necessidade de conquistar o grande público por meio da exposição de ideias e pensamentos de fácil assimilação nos meios de comunicação. Para Régis Debray (1979), a mídia teria inserido o círculo estreito da esfera dos intelectuais em círculos concêntricos, mais largos, menos exigentes e mais fáceis de ser conquistados. Esse novo cenário produziria uma mudança na relação entre produtores e vulgarizadores de pensamento em favor dos últimos, capazes de adaptar o volume e a natureza das produções intelectuais às exigências do grande público.

Para a argentina Beatriz Sarlo (1997), o problema estaria no fato de o intelectual, por natureza, ser obrigado a estabelecer uma relação de proximidade com a sociedade. Baseando-se na figura de Sartre, a autora acredita que a legitimidade do intelectual se fundamenta na emissão de um discurso crítico, que seja compreensível ao grande público, sem cair no senso comum. Com a hegemonia da mídia eletrônica, essa proximidade se desloca da esfera dos argumentos e da autoridade de quem os elabora para ser estabelecida com base nas condições de enunciação do discurso intelectual. Assim, alguns intelectuais "midiáticos" seriam capazes de estabelecer fortes relações comunitárias com o público, sendo capazes de compreender e atender as suas demandas.

O fato de delimitar novas condições de intervenção intelectual permite que a mídia imponha o seu próprio intelectual. Na França, isso tem gerado uma forte reação do restante da intelectualidade, que vê nessa mudança uma evidência concreta do declínio da categoria. A emergência de figuras como Bernard-Henry Lévy, André Glucksmann, Alain Finkielkraut e Luc Ferry – só para citar alguns dos intelectuais midiáticos mais conhecidos – só seria possível em uma época de celebridades midiáticas e de submissão dos intelectuais ao mercado. A substituição do verdadeiro intelectual por uma impostura, "mais preocupada em divertir as galerias e recolher os aplausos" do que em refletir criticamente e colaborar com a mudança social, traz, segundo o canadense Jacques Pelletier (2000), um declínio do debate democrático e da luta ideológica pelo bem comum.

Existe uma crise dos intelectuais?

Cabe aqui uma breve crítica às ideias expressas por intelectuais como Pelletier. É inegável que elas remetem a um discurso feito de dentro por alguns intelectuais. Trata-se de uma reação virulenta de um grupo que se sente relegado ao segundo plano por conta da emergência de novas condições de intervenção no espaço público. Nesse caminho, esquecem que não se trata de combater a mídia e os intelectuais midiáticos, mas repensá-los com base nas transformações do exercício da atividade intelectual e da identidade do grupo. Se tomarmos como base o nascimento dos intelectuais na França, é possível afirmar que, desde o início, eles estiveram ligados ao universo jornalístico, pois sua atividade já estava associada à capacidade de tornar pública uma visão da sociedade. A diferença está justamente na escala de valores partilhada pelo grupo polemista, que tende a colocar o papel de vulgarizador das ideias (trabalho dos intelectuais midiáticos e dos jornalistas) como algo menor.

Paradoxalmente, essas críticas não levam em consideração que os próprios meios de comunicação são incapazes de ocupar completamente a esfera intelectual. Como explica France Aubin (2006), os intelectuais franceses continuam se manifestando em *think tanks*[3]; nos meios alternativos, como o jornal *Le Monde Diplomatique*; em redes, como a revista *Liber*, organizada por Pierre Bourdieu – embora sem a mesma visibilidade de antes. Existe, na verdade, uma tendência dos próprios intelectuais, críticos da mídia, a centrar seus esforços na ocupação de espaços que lhes garantam condições ideais de emissão de um discurso crítico.

As análises da sociologia dos intelectuais

O debate iniciado na França nos anos 1980 sobre o declínio do intelectual teve ressonância nos estudos sociológicos sobre as transformações das identidades e práticas dessa categoria. Em vez de se prenderem a uma visão normativa desse fenômeno, tais análises se centraram nas condições de produção e intervenção intelectual e na maneira como elas estão associadas às estratégias de poder e legitimação nesses espaços. Sem perder um ponto de vista crítico, vários desses estudos buscaram dar um tom menos maniqueísta às mudanças que originaram os intelectuais midiáticos.

Assim, na França, as análises realizadas pela escola bourdieusiana a partir dos anos 1980 explicam a crise da intelectualidade após as mudanças nos mecanismos de acumulação de posições no campo intelectual. Antes, esse espaço era relativamente autônomo e permitia que as trajetórias dos intelectuais fossem decididas por meio de instâncias internas de legitimação, ou seja, por meio do julgamento feito por seus pares. Um professor deveria obedecer à hierarquia universitária e publicar obras que estivessem de acordo com a ortodoxia científica. Da mesma forma, o sucesso de um escritor ou artista estava ligado à avaliação feita

---

3 *Think tank* é uma instituição sem fins lucrativos que reagrupa intelectuais e *experts*, produzindo e divulgando ideias no campo das ciências sociais. Dispõe de uma capacidade de análise e reflexão interna e visa fazer proposições sobre políticas públicas.

por um grupo restrito de pessoas (outros escritores, críticos, público letrado) capazes de impor mecanismos de consagração a uma obra ou autor.

Mudanças de ordem política e econômica alteraram o estilo de vida dos intelectuais, submetendo-os a sanções econômicas e à necessidade de se adaptar aos gostos dos consumidores de uma "cultura intelectual média". Por isso, a legitimidade adquirida pela intervenção midiática passa a ser muito mais importante do que a avaliação da produção pelos pares intelectuais. É nesse contexto que os bourdieusianos definem os "intelectuais midiáticos" como capazes de transitar entre diferentes campos, de adaptar à audiência dos meios de comunicação uma visão de mundo pretensamente intelectual. "São pessoas que se pode convidar, sabe-se que serão conciliadores, que não vão criar dificuldades, causar embaraços e, além disso, falam abundantemente, sem problemas", afirma Bourdieu (1997, p. 50).

Outro pesquisador francês, Rémy Rieffel (1993), fala das mudanças na configuração cultural da França que levaram à introdução de novas instâncias de afiliação, legitimação e consagração da intelectualidade. Segundo ele, haveria uma relação de dependência entre uma série de transformações de conjuntura política e econômica, nacional e internacional, que alteram os canais de exercício da atividade intelectual. Até a década de 1970, o ingresso em círculos intelectuais, a participação em seminários, a colaboração em revistas ou a publicação de um artigo em um jornal diário eram componentes importantes para se tornar um membro da intelectualidade. A partir daí, torna-se cada vez mais importante o uso da televisão como espaço de atuação e atribuição da identidade do grupo. Rieffel mostra como esse processo resulta na multiplicação das zonas de contato entre os integrantes dos meios jornalístico e intelectual. As estratégias de obtenção e de conservação de influência da intelectualidade passam pela acumulação de posições nos dois meios, o que coloca em evidência a figura híbrida do jornalista--intelectual (ou intelectual-jornalista).

Na Espanha, a obra *Algo más que periodistas*, dos sociólogos Félix Ortega e Maria Luisa Humanes (2000), mostra como a emergência de uma sociedade do conhecimento altera o *status* das corporações midiáticas, agora detentoras do monopólio de produção cultural. Nessa nova relação, transformam-se o trabalho e a função exercida pelos intelectuais. Aparecem novos grupos, capazes de produzir e difundir conhecimento, organicamente vinculados aos meios de comunicação. Esse é o caso dos jornalistas. Esses novos intelectuais passam a difundir uma produção que reflete os constrangimentos impostos pelos meios de comunicação. Além disso, utilizam-se das rotinas profissionais como mecanismos de validação do conhecimento, colocando-as no mesmo patamar dos paradigmas científicos.

Em *O príncipe eletrônico*, o sociólogo brasileiro Octavio Ianni (1998) explica como o contexto da globalização engendrou novas condições de atuação política por meio da produção e difusão de cultura. Para Ianni, esse cenário favorece o papel da mídia como "Príncipe Eletrônico", substituto do partido político (o "Moderno Príncipe, de Gramsci"[4]) como entidade capaz de coordenar as lutas por hegemonia política em escala transnacional. O espaço ocupado pela mídia evidencia seu trabalho de definição de uma visão de mundo hegemônica, função exercida pelo grupo de "intelectuais orgânicos": jornalistas, fotógrafos, atores, cineastas etc. Ianni não desenvolve essa concepção, mas inferimos que ele atribui a esses intelectuais uma dupla função. Primeiro: formular e difundir um discurso universalizante, que reflete a ideologia dos grupos dominantes em escala global, sobretudo as grandes corporações transnacionais. Segundo: pluralizar, enriquecer e democratizar o "Príncipe Eletrônico" pela inclusão do discurso de outros grupos sociais.

Os jornalistas-intelectuais: algumas definições

Para alguns autores, a categoria dos jornalistas-intelectuais corresponderia ao próprio grupo dos jornalistas, que, em alguns momentos, assumiriam a função social do intelectual nas sociedades industriais e pós-industriais. Essa definição remete a diferentes releituras dos conceitos de Gramsci e do papel do jornal como difusor de uma cultura vinculada às disputas por hegemonia política na sociedade civil. Para o filósofo italiano, o intelectual não se define pela produção de um "saber superior", mas pelo papel que assume nas relações sociais. Segundo Gramsci (1979, p. 7): "Todos os homens são intelectuais, poder-se-ia dizer então, mas nem todos os homens desempenham na sociedade a função de intelectuais". Isso abriria margem para que o jornalista, difusor cultural e ideológico, pudesse ser considerado um intelectual orgânico.

A apropriação dessa teoria, feita por Ianni (1998) e Ortega e Humanes (2000), vai adaptar os pressupostos do intelectual orgânico de Gramsci ao cenário atual das sociedades do conhecimento. Sem negar a função do jornalista como vulgarizador de cultura, os autores buscam deslocar o espaço de atuação dos intelectuais,

---

4 Partindo de uma releitura marxista de Maquiavel, Antonio Gramsci define o Príncipe como tipificações ideais, capazes de articular suas qualidades próprias (*virtú*) às condições sociopolíticas de uma época (*fortuna*). Segundo ele, as transformações nos modos de produção determinam a concepção desse arquétipo. Gramsci, nesse sentido, buscou formular uma teoria capaz de explicar essas transformações e orientar a ação política da esquerda italiana na primeira metade do século XX. Para isso, ele estabelece o partido político, o "Moderno Príncipe", como o "homem coletivo" capaz de participar da conquista do poder político nas formações sociais mais complexas ("Ocidentais"), por meio da conquista de hegemonia política nos diferentes segmentos da sociedade civil ("guerra de posições"). O Príncipe representa a expressão de um grupo social, que impõe uma definição hegemônica da sociedade. Mas é também um fenômeno histórico que se materializa de acordo com as condições determinadas pela estrutura social. Sobre o assunto, ver Antonio Gramsci, *Maquiavel, a política e o Estado moderno e Os intelectuais e a organização da cultura.*

da esfera política (onde a ação deve ser coordenada pelo "Moderno Príncipe" gramsciano) e acadêmica (espaço de produção científica, característica das sociedades modernas) para a produção midiática, capaz de absorver, difundir e transformar essas esferas.

Na teoria gramsciana tradicional, o jornalista se torna um intelectual pela maneira como o seu trabalho de difusão da cultura adquire um sentido político, quando situado no contexto das lutas de classe. Octávio Ianni, Félix Ortega e Maria Luiza Humanes invertem essa lógica. Na medida em que a mídia deixa de ser instrumento de exercício de luta por hegemonia política para se tornar o palco para onde convergem esses conflitos, é por meio da interiorização e difusão de uma visão de mundo que eles chamam de "midiática" – algo que os jornalistas fazem por ofício – que se adquire e se exerce a função política do intelectual orgânico nas sociedades contemporâneas.

Existem algumas semelhanças entre as definições gramscianas de jornalista--intelectual e o conceito de intelectual midiático presente na sociologia de Pierre Bourdieu e Rémy Rieffel. De fato, as duas correntes de pensamento fazem referência a um processo de deslocamento das instâncias de atribuição do estatuto de intelectual. Tais instâncias deixam de ser desempenhadas pelos partidos políticos, igreja, universidade e centros de pesquisa, para se concentrar nos meios de comunicação. Isso altera a identidade do intelectual nas suas relações com o jornalismo, privilegiando o *status* de tradutor/vulgarizador de conhecimento em detrimento do criador.

Por outro lado, diferentemente da sociologia francesa, tanto Ianni (1998) como Ortega e Humanes (2000) se centram demais no papel desempenhado pela mídia na sociedade e na tentativa de legitimar o "jornalista como intelectual", sem se preocupar em descrever e detalhar o que seria, de fato, um jornalista-intelectual.

Em Bourdieu (1997) e em Rieffel (1993), o termo jornalistas-intelectuais adquire uma conotação mais concreta. Ele incorpora o conjunto de transformações que afetam o interior do campo/configuração no sentido de subverter as hierarquias intelectuais. Mas o conceito também remete a um grupo específico de agentes. São editorialistas, cronistas e apresentadores de telejornal que se aventuram como escritores, comentaristas e filósofos, fundamentando sua legitimidade na posição que ocupam nos meios de comunicação:

> Embora ocupem uma posição inferior, dominada nos campos de produção cultural, eles [os jornalistas] exercem uma forma raríssima de dominação: têm o poder sobre os meios de se exprimir publicamente, de ser conhecidos, de ter acesso à notoriedade pública (o que, para os políticos e para certos intelectuais, é um prêmio capital). O que lhes proporciona ser cercados (pelo menos os mais poderosos deles) de uma

consideração muitas vezes desproporcional aos seus méritos intelectuais [...]. (Bourdieu, 1997, p. 66)

Bourdieu reconhece que, de Émile Zola a Jean-Paul Sartre, os intelectuais na França sempre recorreram à mídia para explicitar seus pontos de vista. Por isso, a rigor, os jornalistas também pertencem ao grupo dos intelectuais, mas são enquadrados como "vulgarizadores".

Na verdade, o que mais incomoda os estudiosos franceses que analisam esse fenômeno é o modo como os jornalistas-intelectuais materializam as mudanças nas formas de intervenção da intelectualidade, em que os valores como autonomia e pensamento crítico perdem cada vez mais espaço. Por isso, as críticas proferidas contra os intelectuais midiáticos, extensivas aos jornalistas-intelectuais, não buscam denegrir o estatuto dos jornalistas, e sim um conjunto de valores e estratégias de intervenção no espaço público que tendem a descaracterizar as representações habituais do intelectual, definido como indivíduo capaz de colocar a defesa de suas ideias acima de constrangimentos políticos e econômicos.

Nem sempre esse duplo pertencimento significa atribuir ao jornalista um *status* negativo, pejorativo. Existiriam verdadeiros intelectuais – ou seja, aqueles ligados aos antigos valores, modos de legitimação e formas de intervenção do intelectual francês – que atuariam na mídia como jornalistas profissionais. O exemplo mais notório, na França, é o corpo de colaboradores do jornal terceiro-mundista *Le Monde Diplomatique*. Profissionais como Ignácio Ramonet e Serge Halimi, por exemplo, teriam legitimidade suficiente para ser reconhecidos como intelectuais. Possuem, aliás, uma visão bastante crítica da atividade jornalística e das consequências causadas pelas relações incestuosas entre a mídia e o meio cultural. Os livros *A tirania da comunicação*, escrito por Ramonet (2001) e *Os novos cães de guarda*, de Serge Halimi (1998), evidenciam bem essa postura.

Se tomarmos o termo "jornalista-intelectual" a partir de outro ponto de vista, podemos dizer que ele eventualmente pode ser aplicado ao jornalista-militante, escritor ou filósofo, que ainda se dispõe a se engajar publicamente em nome dos valores abstratos que definem o amalgama francês do intelectual. Esse conceito estaria mais próximo do objeto deste livro.

No Brasil, como não existe uma definição tão rigorosa dos intelectuais, sentimo-nos livres para utilizar o termo jornalista-intelectual sem o risco de cair no tom depreciativo utilizado por alguns autores franceses. O que não significa eliminar o debate francês sobre o intelectual, pois em vários momentos essas definições foram recuperadas pelas pessoas entrevistadas neste livro.

2. As interações e o mundo social dos jornalistas: como se constroem as identidades?

As principais teorias e conceitos utilizados aqui se situam na corrente sociológica denominada "interacionismo simbólico". Essa perspectiva centra sua análise na maneira como as linhas de comportamento são elaboradas pelos atores sociais, tendo em vista os limites da ação do seu interlocutor. Tais atores não se resumem às pessoas, podendo haver interações com objetos físicos, grupos sociais, instituições, conceitos e abstrações. Cada interação se fundamenta em um processo complexo em que o indivíduo busca orientar suas ações a partir da forma como ele antecipa a reação do outro. Efetivada essa reação, o sujeito reavalia sua linha de conduta e a orienta para a interação subsequente.

O interacionismo simbólico destaca o caráter contextual da ação social. As motivações subjacentes a cada ação devem ser situadas no ato da interação, na forma como o indivíduo define e interpreta o objeto com o qual ele se relaciona. Para essa abordagem, toda interação é simbolicamente mediada. Ela pressupõe que o ator social se oriente de acordo com a representação que faz do outro. A construção desse outro remete a uma série de pressupostos sobre o interlocutor, alguns ligados a experiências individuais, mas também a contextos coletivos. Essa construção se dá em uma dimensão que poderíamos chamar de estrutural, definida por um dos criadores dessa perspectiva, o filósofo e psicólogo social George W. Mead (1934), pelo conceito de "outro generalizado" (*generalized other*).

Portanto, o interacionismo simbólico busca incorporar duas dialéticas fundamentais à compreensão da sociedade. Primeiro, a ideia de que toda interação é um processo de ação sobre o outro (indivíduo, grupo, comunidade), no plano simbólico (das "palavras") e também no plano concreto da vida social (das "coisas"). Segundo, que essa relação se articula nas dimensões estrutural/sociológica e individual/psicológica.

A especificidade dessa perspectiva está justamente na forma como a interação simbólica deve ser entendida, ou seja, como um lócus privilegiado de análise dos fenômenos sociais. Os interlocutores envolvidos no processo interativo orientam, confrontam, confirmam ou modificam suas práticas e visões de mundo levando em consideração a relação com o outro. Nesse sentido, a interação adquire um caráter evolutivo ou transformador (Strauss, 1992), construindo a identidade e a conduta individual e também funcionando como instância de construção da realidade social.

Tendo como base tais premissas, podemos avançar na compreensão da relação entre interações, identidades e práticas de espaços sociais mais complexos, como é o caso do jornalismo.

O mundo dos jornalistas

Dentre as teorias que incorporam o interacionismo simbólico e a dialética entre indivíduo e sociedade como instância de construção e análise dos fenômenos sociais, escolhemos adotar o conceito de "mundo social". O interacionismo simbólico tende a enfatizar as estruturas como uma ordem negociada a partir das interações individuais entre grupos sociais, instituições etc. O mundo social traduz essa relação em um conjunto de conceitos e procedimentos que abrangem da identidade e das práticas individuais às mudanças de ordem estrutural.

O conceito de mundo social é geralmente utilizado para analisar fenômenos imprecisos e flexíveis, cujo reconhecimento social existe sem a necessidade de que estejam situados em um espaço institucionalizado ou em uma organização social. Como exemplo, Anselm Strauss (1992) cita o caso do mundo do turismo. Howard Becker (1982) aplica-o à análise da produção artística. No nosso caso, podemos recorrer a esse conceito para trabalhar o mundo dos jornalistas.

Convencionalmente, os estudos costumam restringir a análise da atividade jornalística ao espaço das redações – isso explica a proliferação, a partir da década de 1970, de estudos etnometodológicos feitos sobre as rotinas produtivas dos jornalistas no interior das empresas de comunicação. A rigor, entretanto, a atividade jornalística se estende sobre toda a sociedade, interagindo com diferentes espaços, domínios e atores sociais. No caso dos jornalistas-intelectuais, cuja identidade parece estar calcada em práticas e em uma legitimidade "extrarredação", o conceito de mundo social se mostra fundamental.

Com exceção do livro *O mundo dos jornalistas*, de Isabel Travancas (1992, com edição revista lançada em 2011), constata-se uma carência de aplicação desse conceito no Brasil. Por isso, para analisarmos os jornalistas-intelectuais a partir da noção de mundo social, utilizamos alguns pressupostos da obra *Art worlds* ("Mundos da arte"), de Howard Becker (1982), e das conclusões extraídas do livro de Travancas. Não faremos aqui uma análise exaustiva sobre o mundo dos jornalistas, mas apontaremos suas principais características. O conceito será retomado de forma mais consistente nos próximos capítulos, por ocasião de análises empíricas sobre os jornalistas-intelectuais.

Características de um mundo dos jornalistas

O mundo social consiste em uma rede de pessoas envolvidas na realização de uma atividade cooperativa. Elas coordenam as práticas tendo como base um corpo de entendimentos, de interesses e de artefatos necessários à realização de um ato social maior. Os mundos são diferentes das instituições e das organizações, pois suas dinâmicas de funcionamento não estão necessariamente fundamentadas em relações de poder, autoridade ou dominação. Além disso, a participação dos indivíduos não depende de um pertencimento institucional. Ela está associada apenas às formas convencionais de atuar na realização dessa atividade.

Um mundo social é formado por uma "rede de cooperação" (*net of cooperation*), em que atores participam, em diferentes graus, da sua atividade fim. Essa rede não se limita ao que Becker (1982) chama de "âmago" (*core*) de um mundo social, ou seja, a um conjunto restrito de atividades que, a princípio, definiriam determinada prática social. Um mundo social, na verdade, estende-se por toda a sociedade, interagindo com diferentes espaços, domínios e atores.

Para o senso comum, o jornalismo está associado a certas atividades que compõem o seu âmago, geralmente ligadas à produção do noticiário (a apuração, redação e edição) feita por jornalistas a partir do espaço das redações. Um olhar mais atento, entretanto, mostra que as redes de cooperação que compõem o mundo dos jornalistas vão muito além dessas práticas. Por um lado, os produtos jornalísticos impregnam vários outros teatros da nossa experiência social. Seja em casa assistindo à tevê, nas discussões com os colegas de trabalho, ou em uma conversa com os amigos na mesa de bar, as pessoas se apropriam livremente da produção jornalística para estruturar o seu cotidiano. Isto é, embora uma parte considerável do noticiário seja produzida na redação, ele é utilizado e vivenciado em diferentes contextos e espaços sociais.

Além disso, mesmo a produção de notícias no interior das redações depende de um número expressivo de atores sociais não jornalistas, como *office boys*, secretárias, técnicos em informática, seguranças, gerentes e diretores de empresas de comunicação. Essa produção envolve ainda colaboradores externos, como fontes, público, articulistas, cronistas, assessores de imprensa, anunciantes, publicitários, donos das bancas de jornal, gráficos, produtores de papel e tinta etc. Sem eles, um jornal não poderia sair ou não sairia da forma como normalmente é concebido – aliás, *mutatis mutandis*, o mesmo vale para o jornalismo em outras plataformas: rádio, tevê, internet etc. Por isso, podemos dizer que o jornalismo, como os demais mundos sociais, não é uma atividade estanque, separada do resto do planeta, como se estivesse dividida por uma linha. Pelo contrário, ele se relaciona e se conecta com outros espaços e atores sociais, estendendo-se por toda a sociedade.

No campo da identidade, essas considerações ajudam a trabalhar melhor os conflitos em torno de quem deve exercer as atividades consideradas essenciais a um mundo social. Isso acontece mesmo em espaços bem estruturados, como o mundo dos médicos. Anselm Strauss (1992), que realizou diversas pesquisas etnográficas em hospitais, aborda essa questão quando analisa os profissionais de medicina. Ele se pergunta, por exemplo, sobre quem seria "mais médico". Seriam apenas aqueles que dão consulta, que têm pacientes? E os cirurgiões? E os médicos--pesquisadores? Para ele, se quisermos encontrar respostas para essas questões, devemos evitar cair na tentação de criarmos uma definição essencialista da atividade médica. É a própria sociedade, por meio da interação entre atores envolvidos nesse mundo social, que nos permite descrever e caracterizar essa profissão.

O mesmo questionamento pode ser aplicado ao jornalismo. Um jornalista que atua em assessorias de imprensa tem, de fato, direito à mesma identidade e estatuto de um jornalista de redação? E um jornalista que escreve livros e prefere se engajar e se posicionar criticamente no espaço público pode ser considerado um jornalista de verdade? Esses questionamentos, quando discutidos dentro de uma comunidade profissional, suscitam debates com o objetivo de delimitar e reivindicar determinada identidade ou ainda rediscutir a inserção de um grupo como integrante de um espaço laboral. Segundo Becker (1982), esse tipo de discussão apenas termina quando existem mecanismos sociais de reconhecimento da atividade dentro do mundo social. Essa é também a opinião do professor francês Denis Ruellan, ao trabalhar a ideia de "fronteira profissional" no jornalismo. Para Ruellan (1997), a definição de uma profissão – o que Becker chamaria de âmago de uma atividade – resulta de um processo de conquista e de adaptação de um território por um grupo. Assim, "as concorrências estruturam os argumentos de exclusão, de marginalização, de alienação: uma parte dos membros do grupo inicial, considerando-se 'profissionais', pretende organizar diferentemente o espaço laboral, em seu benefício" (Ruellan, 1997, p.18).

No caso do jornalismo, Ruellan sugere o exercício de um método compreensivo, em que se busque entender os processos históricos de invenção permanente do grupo profissional em diferentes contextos locais, no lugar de impor uma identidade única e atemporal ao jornalista.

Jornalismo e convenções

Todo mundo social é marcado por um conjunto de convenções. Elas decidem os termos da cooperação entre os atores, tornando suas decisões mais simples. São as convenções que também providenciam a base para que os participantes possam atuar juntos e de forma eficiente na produção de um trabalho. Seguindo esse ponto de vista, a periodicidade de um veículo, as rotinas de uma redação (pauta, apuração, redação, edição, diagramação) e as técnicas jornalísticas (lide e pirâmide invertida) se constituem em convenções correntes no mundo dos jornalistas. Do ponto de vista convencional, o processo de produção de notícias passa a ser visto como uma dinâmica interativa, em que "diversos agentes sociais exercem um papel ativo no processo de negociação constante" (Traquina, 2001, p. 64) e cuja necessidade de prever a cobertura dos fatos se materializa em um conjunto de rotinas produtivas.

As convenções variam em grau de formalização e podem ser sistematizadas no mundo dos jornalistas por meio de códigos deontológicos, leis, manuais de redação, conceitos e teorias publicados em livros e ensinados nas faculdades. Ou podem existir de forma menos formal, partilhadas apenas pelos participantes. É o caso da prática do *pool*, ou seja, o compartilhamento das informações entre os jornalistas de veículos designados para cobrir um mesmo evento – comportamento que é comum entre os profissionais, mas que está ausente dos manuais de jornalismo.

Parte de um sistema de convenções é dividido por todos os integrantes do mundo social, de forma a coordenar sua participação na rede de cooperação. Um assessor de imprensa precisa estar atento às rotinas e à linha editorial de um jornal. O público conhece os formatos narrativos canônicos do jornalismo, sabe diferenciar, por exemplo, a informação dos gêneros opinativos. Uma empresa de publicidade deve conhecer os prazos e a linha editorial do veículo no qual quer anunciar.

Certas convenções estão tão ligadas a esses mundos que são vivenciadas como se fossem parte da cultura, da estrutura social. A periodicidade dos jornais é um exemplo típico desse fenômeno. Outras são suficientemente estáveis no mundo social para ser utilizadas no treinamento de novos membros. É caso das técnicas de redação ensinadas nos cursos de jornalismo. Algumas têm caráter normativo ou se propõem à defesa do grupo social. Fazem parte desse tipo de convenção a noção de objetividade no jornalismo, a regra de ouvir os dois lados e os códigos deontológicos.

Mesmo quando estão bastante arraigadas a um mundo social, as convenções não são imutáveis. Como parte integrante de uma ordem negociada, elas dão margem a formas distintas de interpretação e mudança. Ou seja, "convenções representam o ajustamento contínuo das partes cooperadoras para a mudança das condições nas quais eles praticam, quando as condições mudam, eles mudam" (Becker, 1982, p. 59).

De fato, as convenções dificilmente conseguem cobrir todos os contextos vivenciados pelos participantes no exercício de uma atividade. Isso abre margem para a introdução de inovações destinadas a resolver situações específicas. Algumas delas podem ser incorporadas ao mundo social, desde que aceitas pelos demais membros. Foi o que aconteceu, no jornalismo brasileiro nos anos 1950, com a introdução de técnicas como o lide, a pirâmide invertida e a noção de objetividade. Outras convenções podem ficar restritas a um contexto ou a um grupo de colaboradores, como no caso do Novo Jornalismo norte-americano. Ou podem ainda desaparecer, como o antigo estilo do "nariz de cera" – utilizado na abertura dos textos jornalísticos até meados do século XX.

A opção por inovar ou continuar utilizando convenções consagradas no mundo social remete à forma como um membro concilia seus interesses (de experimentação ou solução de um problema específico) e o modo como essas mudanças são aceitas e partilhadas pelos demais participantes. Como resume Howard Becker, sempre é possível fazer diferente, desde que se pague o preço por isso: maior esforço, menor circulação, perda do emprego etc. Por isso, o mundo social pode ser visto como uma combinação de aspectos convencionais e inovadores. Sem aqueles, o mundo seria ininteligível; sem estes, chato.

Escolhas e reputação

A relação entre o indivíduo e o mundo social é cotidianamente vivenciada nas escolhas feitas pelos participantes. Escolhas são, na verdade, interações que um membro realiza com/tendo em vista os demais atores envolvidos nas atividades de cooperação do mundo social. As escolhas podem ou não ser verbalizadas e sempre levam em conta a existência de um interlocutor – mesmo que não seja necessariamente uma pessoa. É a partir delas que o sistema convencional é colocado em prática, podendo ou não ser aceito, levando ou não a inovações no mundo social.

O ato social maior que caracteriza um mundo social é, na verdade, o resultado de infindáveis escolhas. A veiculação de uma notícia em um jornal pode ser definida dessa forma. Ela envolve, por exemplo, a escolha da pauta, das fontes, das perguntas feitas ao entrevistado, do enquadramento adotado, da melhor forma de redigir um texto, de editá-lo, de diagramá-lo, do horário escolhido para o fechamento, do papel e do tipo de impressão adotados, da forma de distribuição, da decisão de comprar o jornal, de ler determinada notícia, de como interpretá-la etc.

As escolhas subjacentes à produção jornalística não são necessariamente racionais ou coerentes. Mesmo nas situações mais cotidianas, cobertas em sua maioria pelo sistema de convenções, o mundo social abre margem para situações de negociação entre os atores. Existe, na verdade, uma tensão, subjacente à prática jornalística, entre a estabilidade sociocognitiva dessa atividade e os diferentes graus de inovação e mudança que vão afetar todo o sistema de convenções (Charron e Bonville, 2004).

É, portanto, a partir das escolhas feitas durante a trajetória de um indivíduo que se constrói a reputação dos participantes de um mundo social. O conceito de reputação está ligado ao processo de atribuição da identidade pelo outro durante o processo interacional. Contudo, ela não se limita ao face a face da interação. Toda reputação é, em alguma medida, partilhada pelos demais membros do mundo social. Além disso, ela pode ser atribuída não só a uma pessoa, mas a um grupo, a uma instituição, a uma comunidade.

A reputação de um ator social depende das escolhas (intencionais ou não) que ele realiza em sua trajetória, mas também da base convencional vigente em um determinado momento. Existe, na verdade, uma relação entre o que é aceitável em termos de mundo social, a reputação dos atores envolvidos e a decisão de manter ou romper com determinado conjunto de convenções. Além de refletir um conjunto de decisões individuais e coletivas, a reputação também delimita as ações que podem ser realizadas pelos membros do mundo social. Dependendo do quão estimado é um jornalista, é permitido, por exemplo, que ele inove na produção de uma notícia. Ou ingresse em uma assessoria de imprensa. Ou inicie uma carreira literária.

3. A ESCOLHA DOS JORNALISTAS--INTELECTUAIS: PERTENCIMENTO, NOTORIEDADE, ENGAJAMENTO E REPRESENTATIVIDADE

Uma das questões mais delicadas que enfrentamos ao escrever este livro foi a escolha dos entrevistados. Que sujeitos deveriam ser analisados como representativos do grupo de jornalistas-intelectuais? Dizer o que é um jornalista é algo relativamente simples. Trata-se de uma definição que pode ser até problematizada em alguns momentos pela literatura acadêmica, mas já existem convenções reconhecidas pela sociedade (algumas, inclusive, codificadas sob a forma de teorias e leis) que nos permitem ter uma definição consensual do jornalista, visto como um produtor de notícias, detentor de determinada formação, ou ainda o profissional vinculado às empresas de comunicação. O problema está justamente em ter um ponto de partida para definir o que é um intelectual.

De fato, o termo intelectual pode fazer referência a um grupo restrito de grandes pensadores, como Jean-Paul Sartre, Albert Camus e Simone de Beauvoir. Pode ainda ser utilizado para classificar qualquer pessoa que trabalha em setores da economia ligados ao trabalho não manual. Pode estar associado à pessoa que intervém no espaço público na defesa de valores abstratos, ligados ao direito do homem, como prega a definição francesa, nascida com Émile Zola. Pode também ter suas funções definidas pelo engajamento em torno dos ideais da esquerda revolucionária, como acontece nos conceitos leninistas e gramscianos de intelectual. Ou ainda, remeter a representações pejorativas, associadas às pessoas que negligenciaram a prática, o mundo cotidiano, para se trancar em uma espécie de torre de marfim.

Na verdade, o grande problema de se discutir uma definição para essa categoria é que, na maioria das vezes, são os próprios intelectuais que se definem. Eles fazem isso tomando como base suas experiências de vida ou suas crenças sobre qual deve ser a função ideal do intelectual na sociedade. Por isso, como explica Norberto Bobbio (1997), não existem conceitos neutros ou consensuais sobre o que é o intelectual. Sem perceber, os próprios intelectuais deixam de discutir "o que é a categoria" para se centrar em "qual deve ser o seu papel na sociedade".

Nesse caso, decidimos fugir de uma definição fechada e normativa do intelectual para nos atermos a um conjunto de critérios mínimos, que nos permitam operacionalizar a escolha dos jornalistas-intelectuais. Para isso, partirmos tanto da nossa experiência pessoal, do primeiro olhar que lançamos sobre esse grupo, como de conceitos oferecidos pela literatura acadêmica. Evitamos transformar essa escolha em uma espécie de *ranking*, de *hit parade* dos intelectuais, em que buscássemos aferir e avaliar a qualidade da produção dessas pessoas (Bourdieu, 1984). Esse ponto é importante porque é possível que se coloquem objeções sobre a inclusão ou a exclusão de determinado jornalista-intelectual no grupo selecionado. Na verdade, uma vez que nos fechamos sobre a identidade e as histórias de vida dessas pessoas, nossos critérios tentaram se pautar, sobretudo, em questões de representatividade e de interesse para a nossa proposta de trabalho. Assim, nossas escolhas obedeceram aos seguintes critérios:

Instauração de relações de duplo ou triplo pertencimento

Como já diz o próprio nome, o jornalista-intelectual é alguém que divide suas práticas com colaborações no espaço jornalístico e em outras atividades geralmente associadas à produção cultural, como universidade, literatura, artes etc. Isso se traduziu na aquisição de outros estatutos sociais. Na prática, observamos o modo como algumas pessoas eram definidas em biografias e orelhas de livro, por exemplo, e selecionamos aquelas que foram consideradas jornalistas *e* escritores/professores/artistas/militantes.

Notoriedade

Baseando-se em figuras como Jean-Paul Sartre e Pierre Bourdieu, France Aubin (2006) traduz a questão da notoriedade como a ideia de que todo intelectual deve produzir ou publicar pelo menos algum registro cultural, como um livro ou um capítulo. Esse critério aponta para a existência de um conhecimento mínimo do meio editorial e de domínio da língua. Na verdade, podemos dizer que o livro continua sendo um canal insubstituível e obrigatório de consagração intelectual, pois abre ao jornalista a possibilidade de publicar algo mais duradouro e legítimo do que a produção cotidiana e passageira na imprensa.

Associamos ao conceito de notoriedade, a participação de jornalistas em espaços de debates como "Sempre um Papo" e "Rodas de Leitura"[5]. Utilizamos ainda

---

[5] Projetos culturais dedicados à promoção de encontros entre o público e grandes nomes da literatura, artes e jornalismo.

outras indicações de notoriedade, como uma enquete[6] que fizemos sobre a elite dos jornalistas no Brasil e a consulta de pesquisas que abordavam profissionais de grande reputação, cuja temática tangenciava a nossa proposta. São elas: *Pena de aluguel: escritores-jornalistas no Brasil: 1904-2004*, de Cristiane Costa; *Jornalistas e revolucionários. Nos tempos da imprensa alternativa*, de Bernardo Kucinski; e *Eles mudaram a imprensa – depoimentos ao CPDOC*, de Alzira Alves de Abreu, Fernando Lattman-Weltman e Dora Rocha.

Engajamento em assuntos de ordem política ou social

Tendo em vista o caráter eminentemente político do intelectual, tratamos como engajamento os modos institucionais de expressão de opiniões na sociedade, trabalhando com os formatos mais consagrados de intervenção dessas figuras, como entrevistas e debates na mídia, a publicação de livros que expressem ideias e posicionamentos, a militância em partidos políticos e movimentos sociais, a realização de passeatas e manifestações públicas, entre outros.

Critérios de representatividade

Além desses critérios ligados diretamente à atividade dos jornalistas-intelectuais, utilizamos outros parâmetros de forma a garantir maior representatividade do grupo:

*   **Geração:** Para que a escolha dos entrevistados não se limitasse a um período histórico específico, buscamos abranger diferentes gerações de jornalistas-intelectuais. Tendo como ponto de partida a leitura dos trabalhos de Bernardo Kucinski (2003), escolhemos a ditadura militar brasileira como um marco que nos permitiu definir três gerações distintas de Jornalistas-intelectuais: 1ª) Aqueles que vivenciaram a queda do nazismo e do Estado Novo no Brasil; 2ª) Os que foram forjados nos movimentos estudantis dos anos 1960; e 3º) Os jornalistas-intelectuais que ingressaram no jornalismo a partir das décadas de 1970 e 1980, após a lei que introduziu o registro profissional e a obrigatoriedade do diploma.

---

6 A enquete foi realizada pela internet no período de 26 de julho a 25 de setembro de 2005 e divulgada nos sites da Federação Nacional dos Jornalistas, do Observatório da Imprensa e do Fórum Nacional dos Professores de Jornalismo. Consistia em dois campos de resposta. No primeiro, o entrevistado respondia à pergunta: "Levando em consideração a influência junto ao público e o prestígio profissional, indique o nome do jornalista que melhor representa os valores da profissão". No segundo, indicava sua ocupação (jornalista, estudante de comunicação, professor/acadêmico, assessor de imprensa e outros). Os resultados da enquete estão disponíveis em: <http://www.bocc.ubi.pt/pag/pereira-fabio-elite-dos-jornalistas-brasileiros.pdf>.

- **Gênero e distribuição geográfica:** Tentamos dar maior abrangência geográfica à escolha dos entrevistados, de forma a não nos restringirmos apenas aos jornalistas que atuavam no eixo Rio-São Paulo. Por isso, procuramos conversar com pessoas em outros estados de norte a sul do país. Ademais, escolhemos também uma mulher, para que a escolha dos entrevistados não se limitasse apenas a pessoas do sexo masculino.
- **Disponibilidade:** Certas pessoas, embora tenham despertado nosso interesse, não puderam ser entrevistadas pessoalmente. Nesse caso, tivemos de reduzir nossa lista preliminar de 15 jornalistas-intelectuais para um grupo de dez entrevistados, que apresentaremos logo abaixo.

Os jornalistas entrevistados

Adísia Sá

Filósofa, jornalista, professora, escritora e militante sindical. Ingressou no jornalismo profissional em 1954. O primeiro curso de Jornalismo no Ceará surgiu a partir de sua iniciativa, organizando o grupo fundador do curso de Comunicação Social da Universidade Federal do Ceará (UFC), na qual se aposentou como professora emérita. Formou várias gerações de jornalistas. Foi a primeira mulher a assumir a função de *ombudsman* na imprensa nordestina. Como jornalista, ocupou diversos cargos de direção em entidades de classe: Associação Cearense de Imprensa, Sindicato dos Jornalistas do Ceará e Federação Nacional dos Jornalistas. Publicou livros nas áreas de Filosofia e Jornalismo, além de um romance: *Capitu contra Capitu* (1992). Recebeu, em 2005, várias homenagens pelos 50 anos de exercício do jornalismo, dentre elas a publicação do livro *Adísia Sá: uma biografia*, de autoria da então discente Luíza Helena Amorim (2005).

Alberto Dines

Jornalista, escritor e professor. Ingressou na profissão em 1952. Trabalhou e dirigiu diversas revistas e jornais. Em 1962, foi convidado para ser diretor de redação do *Jornal do Brasil*, periódico que havia iniciado uma grande reforma gráfica e editorial. Sua passagem pelo JB marcou a história do jornalismo brasileiro pelo conjunto de inovações que introduziu. Entre 1963 e 1973 trabalhou como professor de Jornalismo Comparado na Pontifícia Universidade Católica do Rio de Janeiro (PUC-RJ) e, em 1974, foi professor visitante da Universidade de Colúmbia nos Estados Unidos. É pioneiro na atividade de crítica da mídia no Brasil, iniciada ainda na década de 1970. Em 2008, dirigia o *site Observatório da Imprensa*, apresentava e editava um programa semanal, com o mesmo nome, transmitido pelas tevês Educativa do Rio de Janeiro e Cultura de São Paulo e outro, diário, veiculado em diversas rádios. Escreveu mais de 15 livros, entre eles *Morte no paraíso: a tragédia de Stefan Zweig* (2004); *Vínculos do fogo: Antônio José da Silva, o judeu, e outras histórias da inquisição em Portugal e no Brasil* (1992) e *O papel do jornal* (1986).

Antônio Hohlfeldt

Antônio Carlos Hohlfeldt é jornalista, escritor, professor universitário e político brasileiro, filiado ao PMDB. É formado em Letras pela Universidade Federal do Rio Grande do Sul (UFRGS), com mestrado e doutorado em Literatura pela Pontifícia Universidade Católica do Rio Grande do Sul (PUC-RS). Em 2008, trabalhava como docente na graduação e no mestrado em Comunicação Social da PUC-RS. Autor de 13 livros de ficção infantojuvenil e quinze obras de ensaio e pesquisa acadêmica na área de comunicação. Durante 17 anos foi jornalista na área de cultura do *Correio do Povo*. Integrou a equipe do *Diário do Sul*, jornal voltado à cobertura cultural, editado pelo grupo Gazeta Mercantil, e que circulou no Rio Grande do Sul entre 1986 e 1988. No ano de 2008, era o único crítico teatral em atividade na capital gaúcha, mantendo uma coluna semanal no *Jornal do Comércio*, do Rio Grande do Sul. Em 1982, foi o primeiro membro do Partido dos Trabalhadores a se eleger para cargo público no estado. Tomou posse como vereador da cidade de Porto Alegre em 1983. Foi reconduzido à Câmara dos Vereadores por cinco vezes, abandonando o cargo ao ser eleito vice-governador, no final de 2002. Em 2007, foi eleito patrono da 53ª Feira do Livro de Porto Alegre.

Carlos Chagas

Na imprensa desde 1958, Carlos Chagas é um dos principais nomes do jornalismo político brasileiro. Atuou como repórter, editor, chefe de sucursal, comentarista, editor e apresentador de programa de televisão. Durante o regime militar, trabalhou como assessor de imprensa do general-presidente Arthur da Costa e Silva. A partir dessa experiência, redigiu uma série de reportagens que lhe garantiram o Prêmio Esso de Jornalismo e também seu primeiro livro publicado: *113 dias de angústia: impedimento e morte de um presidente*. Publicou ainda seis obras: *Resistir é preciso*; *Pedro Aleixo: testemunhos e lições*, em coautoria com José Carlos Brand Aleixo; *A guerra das estrelas: os bastidores das sucessões presidenciais*; *Explosão no planalto*; *O Brasil sem retoque* e *O índio sai da sombra: depoimento a Carlos Chagas*. Entre 1979 e 2004, foi professor de História da Imprensa e Ética e Legislação na Universidade de Brasília (UnB). Integrou, durante 15 anos, o Conselho de Defesa dos Direitos da Pessoa Humana da Associação Brasileira de Imprensa (ABI) e, durante dois anos, o Conselho de Comunicação Social, no Congresso Nacional.

Carlos Heitor Cony

Iniciou carreira no jornalismo em 1947, como repórter da *Gazeta de Notícias* do Distrito Federal, substituindo o pai, Ernesto Cony Filho. Em 1952, ingressou oficialmente no jornalismo como redator da rádio Jornal do Brasil. Em 1960, foi para o *Correio da Manhã*, como copidesque e, no ano seguinte, passou a assinar a coluna "Da arte de falar mal". Foi demitido do *Correio* em 1965, após uma série de crônicas publicadas contra o regime militar. Passou um ano autoexilado em Cuba e, na volta, foi convidado para trabalhar no grupo Bloch. Colaborou por mais de 30 anos na revista Manchete e dirigiu as revistas *Fatos e Fotos*, *Desfile* e *Ele Ela*. De 1985 a 1990, foi diretor de teledramaturgia da Rede Manchete, produzindo e escrevendo sinopses das novelas *A Marquesa de Santos*, *D. Beija* e *Kananga do Japão*. Em 1993, substituiu Otto Lara Resende na crônica diária do jornal *Folha de S.Paulo*. Atuava, em 2008, como comentarista diário da Rádio CBN e do canal de tevê Band News. Publicou 19 romances, sete livros infantojuvenis, diversas coletâneas de crônicas, ensaios, 29 adaptações, uma telenovela, dois roteiros para cinema. Recebeu diversos prêmios literários. Foi eleito para a Academia Brasileira de Letras (ABL) em março de 2000.

Flávio Tavares

Foi dirigente estudantil no Rio Grande do Sul nos anos 1950. Integrou o grupo fundador da UnB, da qual é professor aposentado. De 1960 a 1968, foi comentarista político do jornal *Última Hora*, no Rio e em São Paulo. Após o golpe de 1964, ingressou em um movimento clandestino de resistência à ditadura. Foi preso, torturado e banido do país. Apenas em 1979, com a anistia política, pôde retornar. Nesse período, foi redator do jornal *Excelsior*, do México e, em seguida, seu correspondente latino-americano em Buenos Aires. Acumulou o cargo com as funções de correspondente internacional de *O Estado de S. Paulo* na América Latina e na Europa. Foi, também, editorialista político do *Estadão* nos anos 1980 e correspondente da *Folha de S.Paulo* na Argentina. É autor dos livros *Memórias do esquecimento* (1999), *O dia em que Getúlio matou Allende* (2004) e do ensaio fotográfico *O Che Guevara que conheci e retratei* (2007).

Juremir Machado da Silva

Ingressou profissionalmente no jornalismo em 1986, como repórter esportivo do jornal *Zero Hora* de Porto Alegre. Foi correspondente e editor executivo da editoria internacional nesse mesmo jornal. Foi demitido em 1995 por se envolver em uma polêmica com o escritor Luis Fernando Verissimo. Trabalhou na revista *IstoÉ*, colaborou com o caderno de ensaios "Mais!", da *Folha de S.Paulo*. Em 2008, trabalhava como cronista do jornal gaúcho *Correio do Povo* e publicava comentários diários na Rádio

Guaíba e na emissora local da TV Record. É doutor em Sociologia pela Universidade de Paris V sob a orientação de Michel Maffesoli. Retornou a Paris em 1998 para fazer um pós-doutorado. É autor de várias obras, dentre as quais *A miséria do jornalismo brasileiro* (2000); *Visões de uma certa Europa* (1998); *O pensamento do fim do século* (1993) e *Muito além da liberdade* (1991). É professor de Comunicação da PUC-RS.

Mino Carta

Dirigiu as equipes de criação de publicações como *Jornal da Tarde* e *Jornal da República* e as revistas *Quatro Rodas Veja, IstoÉ, Senhor, IstoÉ Senhor* e *Carta Capital*. Na *Veja*, foi responsável, junto com uma equipe de jovens jornalistas, por criar o modelo da revista semanal de informações no Brasil. Saiu da revista por seu posicionamento crítico contra o regime militar. Publicou dois romances autobiográficos: *O castelo de âmbar* (2000) e *A sombra do silêncio* (2003). É ainda pintor autodidata, com exposições no Brasil e na Europa.

Raimundo Pereira

É jornalista desde 1964. Integrou a equipe que lançou a revista *Veja*, em 1968. Foi também repórter das revistas *Realidade, Ciência Ilustrada* e *IstoÉ*, além do *Jornal da Tarde*. Nos anos 1970, quando a maioria da imprensa estava censurada ou colaborava com a ditadura militar, Raimundo participou da criação dos jornais alternativos *Opinião* e *Movimento*. Por causa da linha editorial politizada e das críticas feitas ao regime, os periódicos foram perseguidos desde o início. Produziu na década de 1980 a série revista *Retrato do Brasil*, retomada em 2006. Dirigia, em 2008, a empresa Oficina de Informações e colaborava como *freelancer* para a grande imprensa.

Zuenir Ventura

Ingressou no jornalismo em 1957, como arquivista no jornal *Tribuna da Imprensa*, tornando-se repórter no ano seguinte. Em 1959, ganhou uma bolsa de estudos do governo francês para o Centro de Formação de Jornalistas, em Paris. Enquanto estudava, trabalhou como correspondente da *Tribuna*. De volta ao Brasil, fez carreira em publicações como *Correio da Manhã, Fatos e Fotos, Diário Carioca, O Cruzeiro, Veja, Visão, IstoÉ, Jornal do Brasil*, sempre como editor ou repórter da área de cultura. Foi professor de Jornalismo na Escola de Comunicação da Universidade Federal do Rio de Janeiro (UFRJ). Em 1988, publicou o *best-seller 1968: o ano que não terminou*. A partir daí, ingressou na carreira literária, publicando romances, reportagens, ensaios e coletâneas de crônicas, dentre eles: *Cidade partida* (1994); *Inveja: mal secreto* (1998) e ainda *Chico Mendes: crime e castigo* (2003) . Em 2008, trabalhava como colunista do jornal *O Globo* e da revista *Época*.

4. AS DEFINIÇÕES DOS ENTREVISTADOS: O JORNALISMO, OS JORNALISTAS E OS INTELECTUAIS

Serão analisadas a seguir definições sobre o jornalismo, os jornalistas e os intelectuais partilhadas pelos dez entrevistados. Nosso objetivo foi investigar como os jornalistas-intelectuais situam simbolicamente suas práticas em um conjunto de interpretações que explicam – ao menos em parte – as motivações subjacentes ao processo de negociação das suas identidades. Ou seja, partimos da ideia de que, após analisar como eles definem seu cotidiano e suas atividades profissionais, seria mais fácil entender o que realmente significa, para eles, a identidade de jornalistas-intelectuais.

O jornalismo: entre o papel da informação e o sentido de missão

A literatura corrente explica que o jornalismo nasce com a necessidade de produzir e transmitir informações que sejam acessíveis ao público. Como explica Juarez Bahia (1990, p. 35), a "notícia é a base do jornalismo, seu objetivo e seu fim". Para isso, foi desenvolvido um conjunto de técnicas e procedimentos destinados a produzir o noticiário, seguindo padrões industriais e balizado por princípios como objetividade e imparcialidade. O jornalismo, de certo modo, converteu-se quase que em sinônimo das práticas de reportagem, edição, copidescagem e diagramação. O jornalista, por sua vez, seria o profissional envolvido nessas operações.

Quando observada da ótica das entrevistas e de outros documentos analisados, essa definição, que enfatiza a centralidade da informação como objeto de definição do jornalismo, é aceita por praticamente todos os jornalistas-intelectuais, como mostram trechos dos depoimentos de Alberto Dines, Adísia Sá, Carlos Chagas, Carlos Heitor Cony e Raimundo Pereira:

ALBERTO DINES Acho que a imparcialidade não existe, mas você não pode se esquecer de que hoje a imprensa exerce um papel político e que deve tentar a isenção. Para isso, o importante é criar um conjunto de opiniões diversificadas.

· 47 ·

Um jornal deve apresentar estas opiniões e assumir na hora H. Para isso serve o editorial. Agora, quando começa a se manifestar na manipulação da informação, numa manchete carregada para um lado ou para outro, aí eu acho calhorda. (*apud* Grizzo Filho e Schor, *Observatório da Imprensa*)

ADÍSIA SÁ Desde as *actas* romanas, você tinha que transmitir o fato [...]. É essa a natureza do jornalismo. Pode mudar a técnica, pode mudar o lugar, a forma de apresentação, a ilustração, tudo você pode fazer, mas tem que ter o fato. (Entrevista ao autor)

CARLOS CHAGAS Formadores coisa nenhuma, nós somos "informadores", quem se forma é a própria sociedade. A imprensa deve apenas informar e também prestar serviços, servir para a publicidade e tudo. Mas a função principal da mídia é informar a sociedade [...]. A imprensa perdeu um pouco o senso de que era um serviço da sociedade, para informar a sociedade, para passar a ser delegado, juiz, promotor, carrasco. (Entrevista ao autor)

CARLOS HEITOR CONY O jornal, na realidade, tem de ser feito basicamente de jornalistas, ou seja, de reportagens mesmo. É ir lá no lugar, é cobrir as coisas, dar o furo, a luta pelo furo, a abordagem dos fatos, a hierarquia dos fatos. (Entrevista ao autor)

RAIMUNDO PEREIRA O jornalismo é escolha de fatos para ser divulgados, claro que apuração precisa dos fatos, os fatos existem concretamente. Tem gente que é muito niilista e acha que tudo pode ser feito na imaginação, eu sou dos que acreditam que a verdade é concreta. (*apud* Dirceu, 2006)

Ao mesmo tempo que defendem a centralidade da informação ou reconhecem a importância da reportagem na produção jornalística, os entrevistados atribuem à sua atividade um *status* diferenciado, uma acepção humanística e romântica do jornalismo. Ao refletir sobre esse tipo de definição, os entrevistados articulam diferentes dimensões que resumem essa prática: a técnica e o serviço público, os princípios éticos e deontológicos, o caráter cultural e político do jornalismo.

Observamos, nesse sentido, como a questão do profissionalismo ainda se calca em uma competência técnica, mas também recorre a um "espírito de missão", à ideia de estar "sempre alerta", nas palavras de Jorge Cláudio Ribeiro (1994) – uma disponibilidade, uma entrega à profissão que não se limita ao trabalho nas redações. Zuenir Ventura, por exemplo, afirma que "o jornalismo é [...] quase que uma segunda pele, é alguma coisa que entranha em você de tal maneira que está sempre presente, ou seja, a curiosidade, o interesse pelas coisas, pelo detalhe". Já Alberto Dines (*apud* Abreu e Lattman-Weltman, 2003, p. 156) crê que os jornalistas devam servir ao público em tempo integral.

> É, eu diria, até cansativo, porque você está alerta o tempo todo, mas é extremamente gratificante, porque você está se enriquecendo, não está vivendo resignadamente. Por isso é que eu digo: jornalismo é um estado de espírito, é uma atitude de vida, que passa a ser segunda natureza.

No processo de construção de uma definição do jornalismo, também é possível associá-la à prática pedagógica. A informação deixaria, assim, de ser reduzida a um mero produto. Mesmo que seja resultado de uma competência técnica, é no seu tratamento, por meio da intervenção intelectual do jornalista, que ela ganha uma nova dimensão e passa a participar do processo de formação do público, da sociedade, em consonância com o discurso normativo sobre a atividade:

ALBERTO DINES [O jornalismo é] um serviço público, tem compromissos com a sociedade, com a educação. (*apud* Grizzo Filho e Schor, *Observatório da Imprensa*)

MINO CARTA O jornalista deveria ser a pessoa que ensina a sociedade a pensar, que lhe dá elementos para pensar. [...] Para isso, a imprensa precisa ser muito mais equilibrada, as pessoas menos partidarizadas – politizadas, sim – para que, mesmo uma coluna opinada, fosse mais abrangente e não o reflexo de uma posição política. (Entrevista ao autor)

[A função do jornalismo é] contribuir para a formação do cidadão, sem a pretensão de ser um mestre. Quem não entrar nessa parada com esse senso de responsabilidade, com esse compromisso moral, não deve ser jornalista. (*apud* Abreu e Lattman-Weltman, 2003, p. 207-8)

FLÁVIO TAVARES A imprensa tem que te acrescentar [...] Tem que acrescentar alguma coisa, hoje, depois de ver o jornal, eu sei mais do que ontem. Senão, não adianta. Se a imprensa não for para melhorar a convivência com os cidadãos, não vale para nada. (Entrevista ao autor)

RAIMUNDO PEREIRA Nós temos que ter como centro a questão da política e da economia procurando o leitor que está buscando uma superação. [...] A questão da democratização mais avançada [do país] supõe que um órgão de imprensa do movimento popular seja também um instrumento para ajudar a pessoa a perceber que uma imprensa de padrão mais elevado é um jeito de ele próprio melhorar, evoluir nos diversos níveis em que a pessoa precisa evoluir. Essa é uma condição que a gente tem que ter clara porque senão você tem ilusões, você acha fórmulas para se contrapor à imprensa da burguesia, fazendo alguma coisa que não é muito diferente. (Entrevista ao autor)

Na mesma linha, pode-se dizer que o domínio da técnica e o respeito à ética só se realizam plenamente quando se articulam em uma instância superior: o desempenho da função social do jornalismo. A natureza da prática jornalística estaria, de fato, calcada na ideia de que ele serve à sociedade. Por isso, o compromisso com o público deve servir como uma base para se pensar a ética profissional. Na verdade, o público é visto como uma instância de legitimação dos jornalistas, que se colocam como representantes de uma coletividade idealizada. No caso de Raimundo Pereira (*apud* Gonçalves e Veloso, 2007), essa visão implica estabelecer uma relação orgânica entre a imprensa e seus leitores:

A imprensa precisa estar sintonizada com as necessidades e aspirações do povo sofrido, porque onde há opressão, como existe no Brasil, sempre tem de haver resistência e luta. Pode passar uns tempos sem, mas tem de haver [luta], porque esse movimento pode ser determinante na mudança.

A articulação entre a função social do jornalista, a dimensão técnica e a ética profissional nas falas dos entrevistados é ainda mais complexa. De fato, o interesse público aparece como instância de legitimação do estatuto do jornalista na sociedade. Paradoxalmente, mesmo quando invocada em nome da competência técnica ou do interesse público, a prática jornalística deve ser exercida dentro dos limites da deontologia profissional:

ADÍSIA SÁ Esse respeito ao fato, à intocabilidade, à imutabilidade do fato, se você não tiver essa visão, você falseia o jornalismo. Se você usa artifícios para criar um fato, você foge aos ditames do jornalismo. O que importa é o fato, ele está ali e você tem que respeitar [...]. Muitas vezes, você pode dar uma informação falsa porque quis alterar aquele fato, quis mexer, manusear o fato. E não pode. (Entrevista ao autor)

CARLOS CHAGAS A imprensa hoje tem de tomar muito cuidado ao afirmar uma coisa que pode denegrir a honra de um cidadão. Dali a uma semana você vai ver que ele não tinha nada com isso, que era inocente, mas a honra do cara, o nome do cara está perdido para sempre. [...] Às vezes, publicam-se matérias, informações sem a devida apuração. Isso é um mal muito grande na imprensa. Isso tem que ser corrigido. Daqui a uns duzentos anos talvez seja. (Entrevista ao autor)

CARLOS HEITOR CONY O ser humano tem obrigação de ser ético, seja um lixeiro, o presidente ou um jornalista. Em nome da exclusividade, do furo, em nome da prioridade e da informação privilegiada que é sempre ilegal, cometem-se vários crimes do ponto de vista ético. (*apud* Andhye Iore, 2000)

Discordo muito do jornalismo invasivo, seja no texto ou nas imagens. Particularmente, acredito que no jornalismo, como em qualquer outra profissão, deve haver não apenas ética, mas também a boa educação. Isso vale para o padre, o jogador de futebol, o presidente da República e até mesmo para o lixeiro. Se uma pessoa declara que não quer falar, ser fotografada ou filmada, seu desejo deve ser respeitado independente de ser o maior criminoso do mundo ou um santo. Não se pode violentar as pessoas em nome de um pretenso interesse público. (*apud* Fraga, 1997)

MINO CARTA Quando a verdade é omitida, ou falseada, nem se fala quando é encoberta pela mentira, ela soçobra como um barco furado e jamais será recuperada. Falo é da verdade factual e não das mil verdades que cada um carrega. A verdade factual é uma só. (2000, p. 212)

O jornalista tem uma responsabilidade muito grande. Isso não o torna uma personagem especial [...]. Mas, ao mesmo tempo, sempre com esse distanciamento crítico, em relação a si próprio, o jornalista tem que ter consciência da sua responsabilidade. Ele presta um serviço público, um serviço que pode ter efeitos muito profundos e muito graves. Dentro desse senso de responsabilidade cabe a ideia de que a tarefa do jornalista é elevar o leitor, iluminar o leitor. (*apud* Abreu e Lattman-Weltman, 2003, p. 207)

RAIMUNDO PEREIRA Investigar não é dar curso a qualquer denúncia porque as denúncias podem ser falsas. Não tem nenhum mérito em você divulgar denúncias falsas. Só porque você tem uma origem para a denúncia. A denúncia tem que ser pesada pelos jornalistas. Ele tem responsabilidade por aquilo que ele denuncia, através de outras pessoas, se o sujeito é um falsário, se o sujeito está apenas querendo comprometer uma situação, se o sujeito está construindo uma história política. (*apud* Cunha, 2006)

ZUENIR VENTURA O jornalista irresponsável não será menos irresponsável por ser jornalista. Ao contrário, o jornalista leviano é tão nocivo ao jornalismo quanto um censor consequente. Com uma vantagem para este último: em nenhum momento ele finge servir à imprensa. [...] Podemos alcançar uma excelente técnica, podemos modernizá-la; devemos perseguir uma invejável estética, devemos embelezá-la; mas não devemos, não podemos suprimir a ética ou cancelar a responsabilidade social. Se não formos orientados por uma inatacável ética, a sociedade continuará desconfiando de nós. Há os que dizem que o jornalismo, por ser um ofício e uma técnica, não precisa de ética, ou que a ética é também uma questão de mercado. Sabe-se até onde isso pode chegar. O século XX nos ensinou que a técnica sem o controle da ética pode levar aos piores crimes. De bons técnicos Hitler estava cheio, e Stálin também. (*Caderno Z*)

As três dimensões aparecem, portanto, como indissociáveis em qualquer definição da atividade profissional. Uma boa técnica implica respeitar a veracidade dos fatos (dimensão ética), mas também a forma como o jornalista deve escolher e trabalhar informações que sejam relevantes do ponto de vista do interesse público (função social). Da mesma forma, a deontologia exige o uso de técnicas que permitam ao jornalista capturar a realidade da forma mais objetiva possível. Esse processo, contudo, deve ser feito com responsabilidade, sem incorrer no sensacionalismo ou sem denegrir a imagem do cidadão.

Exceções

O fato de encontrarmos analogias entre a ideologia dos jornalistas-intelectuais e o discurso geralmente associado à definição de jornalismo mostra a relativa estabilidade dessa visão de mundo no meio profissional e, de certo modo, na sociedade brasileira. Dois entrevistados, contudo, não compartilham dessas generalizações. O primeiro é Carlos Heitor Cony. Ele se recusa a atribuir ao jornalismo uma função política, pedagógica ou intelectual. Para ele, a definição dessa atividade se limita à sua dimensão técnica. Nesse caso, distingue os profissionais que desempenham atividades ligadas a esse discurso de legitimação do jornalismo daqueles que aparecem no jornal sob outros estatutos, sobretudo o de escritor e cronista:

Quando se fala profissionalmente, o jornalista é aquele que recebe a pauta e apura. Ele chega na redação e o editor cobra. Os jovens vão para as universidades normalmente pensando no artigo e na crônica, achando que o jornalismo é isso. Esquecem que o jornalismo é um trabalho inglório, é cobrir cachorro atropelado, é fotografar defunto no necrotério, esse lado prosaico. Eu estou muito habituado a fazer palestras em faculdades de comunicação, onde o pessoal pensa que o jornalista é só o cronista, aquele que tem destaque, um espaço certo, como o Luis Fernando Verissimo, o Zuenir Ventura, o Clóvis Rossi, o Elio Gaspari. É horrível, o pessoal acha que isso é jornalismo. Não é jornalismo. Todos eles praticamente fazem o trabalho em casa, são mais próximos, digamos assim, do intelectual, na sua acepção mais entranhada, mais específica. O jornalista, no meu entender, é aquele que tem carteira assinada e exerce a profissão de jornalista. (Entrevista ao autor)

O segundo caso é o de Juremir Machado da Silva. Durante a análise da sua entrevista e na leitura do livro *A miséria do jornalismo brasileiro* (Silva, 2000), fica clara a sua postura de crítica, de desconstrução da definição essencialista, geralmente associada ao jornalismo. É possível citar vários trechos do seu livro que buscam justamente desmistificar alguns dos princípios jornalísticos defendidos pelos demais entrevistados:

A objetividade é uma gangorra que sobe e desce com o tempo, com a filosofia do patrão e com as modas profissionais. A única moda que nunca passa é a do arrivismo. Mergulhado numa carreira, o jornalista vive para o mercado coberto com o manto cômico de missionário da informação e da verdade. (p. 37)

A mitologia jornalística mitifica a reportagem, mas o que dá certo atualmente é o jogo de opiniões respaldadas por assinaturas célebres. (p. 120)

O discurso teórico sobre o jornalismo afundou-se na mera ideologia travestida de ciência. A investigação não investiga, a crítica não critica, a teoria não revela, a informação não informa. A mitologia serve como embalagem para o triunfo do *marketing*. (p. 125)

Ao contrário do que afirma a mitologia do jornalismo, a mídia não trabalha para informar, mas sim para seduzir e "fidelizar". Por isso, o intelectual é o seu inimigo jurado, na medida em que o papel deste consiste em instalar a dúvida no lugar das certezas confortáveis e rentáveis. (p. 126)

Essas divergências em torno da definição ideal de jornalismo se refletem de forma bastante particular na maneira como Cony e Juremir se definem, mas também como situam o jornalismo dentro de uma oposição permanente com a atividade intelectual. Trabalharemos essa questão a seguir.

As definições do Intelectual expressas pelos entrevistados

Existe, como já explicamos, uma dificuldade em se trabalhar com o termo intelectual, pela total ausência de uma definição consensual da categoria. Ou se admite que é impossível definir o grupo ou se recorre a uma das diferentes tipologias que existem para delimitá-lo. Durante a análise do material coletado, observamos que muitas dessas definições estavam presentes no discurso dos jornalistas-intelectuais. Nesse caso, faremos um breve relato das tipologias adotadas.

A definição do intelectual baseada no amálgama francês

Três entrevistados fizeram referência explícita à definição francesa do intelectual, nascida durante os debates do caso Dreyfus, cujo modelo de intervenção se baseou no manifesto *J'accuse*, escrito por Émile Zola, como já foi dito. São eles: Alberto Dines, Carlos Heitor Cony e Juremir Machado da Silva.

A Alberto Dines fizemos a pergunta "O que é um intelectual?" no final da nossa primeira conversa. Hesitando a princípio, ele explicou a origem francesa da palavra e definiu os intelectuais como "pessoas que desenvolvem as suas aptidões intelectuais, e espirituais também, sendo a sua existência não apenas um conjunto de dias vividos, mas algo a que você procura dar sentido. É um existencialismo, digamos". Os nomes de figuras conhecidas no meio intelectual francês, como Zola e Clemenceau, apareceram mais tarde, durante uma troca de *e-mails*. Nessa conversa, Dines se refere ao *J'accuse* como "a mais famosa manchete de todos os tempos" e define o intelectual como uma pessoa que integra sua produção literária e as manifestações públicas no jornalismo, algo bem próximo ao amálgama francês da categoria.

Historiador e jornalista por formação, com estreitas ligações com o meio universitário francês, Juremir Machado da Silva se fundamenta no modelo de Zola e expressa uma definição acadêmica do intelectual. Segundo ele, o papel do intelectual estaria estreitamente associado ao ato de se engajar no espaço público, quando nos diz:

> Para mim, a definição de intelectual surge com o Émile Zola, quando ele lançou o famoso *J'accuse*. O intelectual é o sujeito que sai da sua especialidade para se manifestar na esfera pública [...]. Um intelectual é uma postura diante da sociedade, postura de discussão.

Para formular esse conceito, Juremir recorre à dicotomia entre a intervenção pontual do especialista e a atuação do intelectual em defesa de valores abstratos, envolvendo-se em debates que nem sempre estão associados à sua área de competência, declarando: "Por exemplo, quando eu falo sobre temas da comunicação, falo como um especialista [...]. O intelectual é aquele que sai da sua esfera para falar de outras questões".

Em nossa conversa com Carlos Heitor Cony, a definição francesa do intelectual foi admitida após uma provocação nossa. Fazendo referência ao fato de ser considerado como uma das primeiras vozes contrárias ao golpe militar de 1964, com as crônicas publicadas nesse mesmo ano no *Correio da Manhã*, perguntamos se não havia analogias entre esse evento e a definição francesa do intelectual. Ele concordou de imediato e passou a comparar sua atuação contra o regime militar à de Émile Zola contra o exército francês:

Quando o Zola viu aquela injustiça, a sacanagem do Estado Maior do exército francês [...], se sentiu obrigado a intervir. Ele não era um defensor da causa sionista, era um homem livre, que se insurgia contra um homicídio, um assassinato à liberdade. Foi mais ou menos, reduzida a escala de importância, o que eu fiz.

O intelectual: criador, tradutor e vulgarizador

No ensaio *O ópio dos intelectuais*, o sociólogo francês Raymond Aron (1980) classifica a categoria em três grupos: os criadores (romancistas, pintores, escultores e filósofos); os tradutores (professores sem cátedra, artistas de pouca expressão, entre outros); e os vulgarizadores – que estariam situados no limiar entre o intelectual e o não intelectual, cujo trabalho estaria submetido aos valores do grande público.

Mesmo sem uma referência explícita, parte da classificação de Aron é retomada por alguns de nossos entrevistados. É o caso de Carlos Heitor Cony. Sua definição de intelectual é mais estrita do que a proposta de Aron e se limita ao grupo dos criadores:

> São aquelas pessoas que se dedicam ao ensaio, à filosofia, à história e à literatura, na medida em que a literatura expressa uma visão de mundo. [...] Ele produz inteligência na medida em que tem uma visão própria de mundo, em que coloca a soma das informações que ele tem, dos estudos que ele fez, das pesquisas, até do gosto pessoal dele.

Esse conceito, aliás, é retomado por Cony no decorrer da entrevista para se definir como um intelectual, "produtor de inteligência", e também para excluir o jornalista como pertencendo à categoria.

Outros entrevistados adotam concepções mais próximas dos intelectuais tradutores e vulgarizadores, cuja função poderia ser, na opinião de Edward Said (1996, p. 30), a de "representar, encarnar e articular uma mensagem, uma visão, uma atitude, filosofia ou opinião para e em favor de um público". Ou ainda, segundo Cremilda Medina (1982, p. 280):

> Trazer para o domínio público questões mantidas em círculos restritos por interesses grupais, e alimentar o debate sobre tais questões quando elas se tornam públicas, até o esgotamento da discussão, através de uma solução, ao menos parcial, do problema.

Esse é o caso de Flávio Tavares, quando nos afirma: "O filósofo, no seu tempo [...] não ficava numa linguagem hermética". E também de Adísia Sá, que, no discurso proferido por ocasião da entrega do Prêmio Intercom, categoria Maturidade Acadêmica, em 7 de setembro de 2006, disse:

O intelectual forma o grupo de entes da cultura, do saber, da libertação. O seu papel é, na imagem de Platão, ajudar os outros (homens e mulheres) a sair da caverna da ignorância, da superstição, da ilusão, das promessas vãs, das palavras enganosas e sedutoras de palanques e microfones, de imagens e de sons, de hipnotizadores das plataformas eleitorais e juramentos de campanhas.

E, ainda, para Adísia (*apud* Amorim, 2005, p. 68): "Eu acho que o intelectual não é só aquele que escreve. Ou só escreve. É aquele que tem uma atuação, uma posição na sociedade, que não foge de dar o seu testemunho".

Outro que nos menciona a definição de intelectual como um trabalho de difusão do conhecimento é Antônio Hohlfeldt. Ele exemplifica o conceito narrando sua trajetória como vice-governador do Rio Grande do Sul, momento em que ele, como intelectual, teria estimulado a produção, o debate e o aprendizado de temas ligados à cultura local (como grupos folclóricos e festas populares). Além disso, cita iniciativas de divulgação da obra dos escritores gaúchos Erico Verissimo (1905-1975) e Mário Quintana (1906-1994), por ocasião do centenário de seus nascimentos, que coincidiram com o mandato de Hohlfeldt no governo: "Viajei feito um louco para fazer palestras dentro dos colégios sobre o Mário porque fomentamos que as escolas trabalhassem isso e, claro, me convidavam, eu era professor de literatura".

O intelectual como crítico

A necessidade de ter uma postura crítica é um atributo presente em uma infinidade de obras destinadas a definir o papel social do intelectual. A concepção foi expressa por Carlos Heitor Cony (1997, p. 14): "É a função do intelectual, no sentido de produtor de inteligência, é a crítica ao poder". Mas também foi-nos dito por Antônio Hohlfeldt: "A função intelectual para mim é essa, sempre estar pensando criticamente. [...] Em princípio, portanto, o intelectual tem que ser do contra, sempre, no sentido de que ele tem que ser contra mesmo ao que ele estava fazendo"; e por Juremir Machado da Silva:

A minha tarefa é mais ou menos essa, eu olho as coisas, se eu encontrar algo que me parece que não funciona, eu critico. O que é que se critica principalmente? Não é só o não funcionar porque, no fundo, a gente quer que as coisas funcionem, mas elas não funcionam. [...] A crítica incide sobre a defasagem entre o discurso da sociedade, do indivíduo e as suas práticas.

Aliás, a postura particular de Juremir em se posicionar criticamente contra tudo e todos, de certa forma, serve como um contraponto aos valores humanísticos ligados ao modelo francês de intelectual, que ele também adota. Essa contradição entre dois tipos de intelectual – o sartreano, capaz de se posicionar ao lado da verdade; e o intelectual pós-moderno, desconfiado e crítico de tudo e de todos – encontra explicações no que Juremir chama de "suas influências acadêmicas", como veremos no próximo capítulo.

O intelectual orgânico

Durante as entrevistas, duas pessoas recorreram à teoria gramsciana para definir o intelectual e o seu papel na sociedade. Eles seriam os defensores do modelo do intelectual orgânico[7]. Um deles, Raimundo Pereira, trabalha essa definição ao comentar a necessidade de construir no Brasil uma frente jornalística, ou seja, um jornalismo ideologicamente suprapartidário, cuja linha editorial e o caráter cultural das suas matérias deveriam estar organicamente vinculados aos intelectuais dos movimentos sociais e das classes trabalhadoras: "O movimento popular está cheio de intelectuais, de gente, de trabalhadores que leem, que gostam de ler, que gostam de uma publicação de um nível mais elevado, que não estão satisfeitos com a forma de contar essas histórias do dia a dia brasileiro". Outro que se vincula explicitamente ao pensamento gramsciano ao se definir como intelectual é Mino Carta, quando nos afirma: "Aceito a definição de Gramsci. O intelectual orgânico é quem, de alguma forma, mexe com o intelecto, sem ser o grande artista".

Intelectual como reflexo do intelecto

Um único entrevistado, Zuenir Ventura, preferiu definir o intelectual com base em sua acepção mais ampla, adjetivada, de um grupo composto por todos os que desenvolvem o trabalho intelectual em oposição ao trabalho manual. Zuenir acredita que "todo trabalho que demanda uma reflexão, um esforço mental, acaba sendo um trabalho intelectual". Jornalistas, mas também advogados, engenheiros, médicos etc. pertenceriam ao grupo dos intelectuais.

Os jornalistas e os intelectuais

Tendo como base as definições expostas até agora, nosso próximo passo foi trabalhar as relações entre as duas categorias na construção do conceito de jornalista-intelectual. Assim, ao abordarmos as relações entre o meio jornalístico e o intelectual, duas ordens de questões emergiram do material coletado. A primeira, "O jornalista é um intelectual?", foi amplamente respondida e, em vários mo-

---

[7] Os intelectuais orgânicos se vinculam a grupos ou classes sociais, atuando na elaboração e na socialização de uma concepção de mundo que expressa experiências e sentimentos partilhados por essas pessoas. Como porta-vozes orgânicos, os intelectuais difundiriam criticamente ideias com o objetivo de transformar a realidade social.

mentos, remeteu à definição do intelectual exposta pelos entrevistados. A segunda, "O que é um jornalista-intelectual?", é tratada de forma mais sutil, pois, em muitos casos, ela já estava subjacente à visão de mundo desses jornalistas.

As respostas coletadas consistem, portanto, na síntese dos temas tratados durante todo o capítulo. Trata-se de uma tentativa dos entrevistados de articular seus conceitos de forma a confrontar o que eles consideram a natureza dessas atividades.

Os entrevistados que partilham da ideia de que todo jornalista é um intelectual – Flávio Tavares, Mino Carta e Zuenir Ventura – tendem a colocar em um mesmo patamar a natureza da prática e a função social das duas categorias. Mino Carta trata diretamente o jornalista como o intelectual orgânico de Gramsci. Para ele, como para Flávio Tavares, o jornalista lida diretamente com a transmissão do conhecimento e desempenha a função intelectual de secularização da cultura nas sociedades democráticas.

O segundo grupo de entrevistados – Adísia Sá, Alberto Dines, Antônio Hohlfeldt, Juremir Machado da Silva e Raimundo Pereira – acredita que os jornalistas ocasionalmente podem ser considerados intelectuais. O grupo partilha da ideia de que o jornalismo tem elementos que o associam ao trabalho e à função do intelectual: uma visão crítica, um texto literariamente trabalhado, o compromisso com o público, com os movimentos sociais, com a sociedade. Contudo, essa definição ideal da prática jornalística vem sendo negligenciada. Por isso, o fato de nem todos os jornalistas atuarem como intelectuais representaria um "desvio" na natureza dessa profissão.

Juremir Machado da Silva também acredita que os jornalistas-intelectuais se constituem em uma categoria minoritária, daí que apenas alguns profissionais do jornalismo mereceriam essa classificação. Apropriando-se da crítica bourdieusiana, ele explica que, longe de ser considerados grandes jornalistas, a categoria seria, na verdade, uma subversão da verdadeira prática jornalística que começa a tomar o espaço de uma intelectualidade em crise: "Prótese de intelectual numa época de decadência do intelectual universitário e do intelectual público, o jornalista quer obter mais fazendo menos" (Silva, 2000, p. 128).

Para Carlos Heitor Cony, o jornalista e o intelectual realizam atividades distintas. O jornalista está ligado a uma competência técnica. Mesmo que existam preceitos éticos que balizam a sua prática e um comprometimento com o interesse público, ele não é um intelectual. Cony chega a admitir a existência de algumas pessoas com "vida dupla". Mas seriam exceções e, em muitos casos, devem sua legitimidade intelectual ao trabalho extrajornalístico: "Há casos, poucos casos, em que há jornalistas militantes que também podem ser considerados intelectuais na medida em que fazem outros produtos. O caso do Machado de Assis talvez seja o mais notório".

As análises realizadas neste capítulo revelam, portanto, a forma como as categorias de jornalistas e intelectuais são articuladas pelos entrevistados em termos de valores, de uma visão de mundo parcialmente partilhada. Elas remetem a visões subjetivas do *status* de jornalista-intelectual, que estão subjacentes às diferentes formas como os atores vão interagir no mundo social. Logo, constituem um dos pressupostos que nos permite avançar no estudo dos processos de negociação das identidades dessas pessoas, como veremos a seguir.

5. NEGOCIANDO ESTATUTOS, CONSTRUINDO UMA IDENTIDADE: AS INTERAÇÕES ENTRE OS JORNALISTAS-INTELECTUAIS E O PESQUISADOR

Neste capítulo abordaremos a negociação de estatutos e práticas conduzida pelos jornalistas-intelectuais durante as nossas entrevistas. Entendemos que, nesse tipo de situação, os entrevistados buscaram avaliar sua trajetória pessoal tomando como base alguns elementos da interação para assumir certos papéis, posições e posturas em suas respostas. Se o ato de narrar suas histórias já é por si só uma interação, esta deve ser vista como um processo de negociação da identidade diante do outro. Nele, o entrevistado organiza suas experiências, atribuindo-lhes uma significação geral e homogênea, para si e para o interlocutor, tendo em vista as questões que vão sendo colocadas no decorrer da conversa (Strauss, 1992).

Foram utilizados, para isso, os conceitos desenvolvidos por Anselm Strauss para o estudo da construção da identidade sob o ponto de vista microssociológico das interações. Trabalhamos ainda com alguns pressupostos da sociologia dos jornalistas desenvolvidos por Denis Ruellan (1993) e do construtivismo de Alfred Schutz (1967) e de Peter Berger e Thomas Luckmann (1974).

Nas interações em curso, as pessoas podem recorrer a papéis sociais, formas tipificadas de atuar em uma determinada situação. Esses papéis são de conhecimento de todos os participantes de um mundo social ou de uma ordem institucional, sendo articulados subjetivamente no contexto específico da ação social ou de uma interação. Podemos ilustrar esse conceito no jornalismo mencionando as características das "fontes de informação". Uma pessoa, quando assume tal papel, reitera, com o repórter que realiza a entrevista, uma prática corrente no meio jornalístico: a ideia de que uma matéria deve estar sempre embasada por declarações de outras pessoas autorizadas a falar sobre o assunto. Ao assumir o papel de fonte, o indivíduo se utiliza de um conjunto de práticas, normas e valores sociais já consolidados. Ao mesmo tempo, ele reitera um modo já bastante difundido de cooperar com o mundo dos jornalistas.

Em outros momentos, durante o processo interativo, os indivíduos também recorrem a estatutos sociais para se definirem. Estatutos são tipificações de caráter mais duradouro, adquiridos e exercidos pelas pessoas no decorrer da vida. Cada estatuto remete a um grupo de atributos correspondentes, alguns explícitos (como formação, idade etc.), outros tácitos (cor da pele, estilo de vida etc.) (Strauss, 1992). Podemos dizer que uma pessoa "assume" o papel de fonte ou de repórter no contexto de uma entrevista, mas que "possui" o estatuto de jornalista na medida em que é detentor de alguns atributos que lhe permitem ser identificado como tal. Pode, por exemplo, trabalhar em jornal, possuir um diploma e um registro profissional e dominar certas técnicas características dessa prática. Por isso, uma definição estatutária remete também a elementos já institucionalizados em uma sociedade, como a formação do grupo profissional, a definição legal e normativa de uma atividade ou a criação e transmissão de um conjunto de valores e normas de conduta.

No decorrer da vida, as pessoas possuem vários estatutos e desempenham inúmeros papéis sociais, muitas vezes de forma simultânea. Na verdade, são raras as interações em que a base estatutária não muda. Veremos isso a seguir no modo como os entrevistados negociaram conosco seus diferentes papéis, estatutos e identidades.

A intervenção em diferentes espaços: jornalistas, mas também escritores, professores, políticos...

Os jornalistas-intelectuais podem ser definidos como indivíduos que participam de atividades distintas da produção jornalística. Pessoas que intervêm nos espaços associados à prática política, acadêmica, artística e literária. Do ponto de vista da identidade, essas situações nos levaram a pensar em dinâmicas de duplo ou triplo pertencimento, na aquisição de estatutos concorrentes ou complementares ao de jornalista. Assim, entrevistamos para esta pesquisa jornalistas e escritores (Adísia Sá, Alberto Dines, Antônio Hohlfeldt, Carlos Heitor Cony, Flávio Tavares, Juremir Machado da Silva, Mino Carta, Zuenir Ventura); jornalistas e professores (Adísia Sá, Alberto Dines, Antônio Hohlfeldt, Carlos Chagas, Flávio Tavares, Juremir Machado da Silva, Zuenir Ventura), um jornalista e pintor (Mino Carta), jornalistas e políticos (Antônio Hohlfeldt, Raimundo Pereira) e uma jornalista e militante sindical (Adísia Sá).

Nossa questão é saber como eles gerenciam seus múltiplos pertencimentos em termos de estatuto e identidade, ou seja, o modo como se apresentaram durante a entrevista. Em um primeiro olhar, dividimos esse processo partindo de duas estratégias distintas de autodefinição: I – A imposição de um estatuto hegemônico (de jornalista ou de intelectual), situando as intervenções em outros domínios como secundárias na construção de uma identidade; II – A gestão de múltiplos estatutos, vistos como complementares pelos indivíduos. As respostas obtidas serão trabalhadas detalhadamente a seguir.

Os estatutos hegemônicos

Ao negociarem sua identidade em uma interação, os indivíduos frequentemente recorrem a mecanismos de imposição estatutária. Trata-se de uma estratégia, muitas vezes espontânea, de controle sobre o modo como o outro nos define durante a interação. No caso das nossas conversas, a questão dos múltiplos pertencimentos foi resolvida por boa parte dos entrevistados por meio de uma estratégia que denominaremos aqui de hierarquização de estatutos. Esse seria um procedimento adotado pelos jornalistas-intelectuais para explicar ao interlocutor qual seria a maneira mais correta de defini-los. Para isso, eles evidenciaram o modo como certos estatutos devem ser situados na sua composição identitária – essenciais, secundários, complementares, marginais etc. Do grupo de dez entrevistados, seis adotaram a postura de impor um estatuto hegemônico. São eles: Carlos Chagas, Carlos Heitor Cony, Flávio Tavares, Juremir Machado da Silva, Raimundo Pereira e Zuenir Ventura. Desse grupo, Juremir e Cony se definiram, antes de tudo, como "intelectuais" (professores e/ou escritores). Os demais optaram pelo estatuto de jornalistas.

Os intelectuais que intervêm no jornalismo

Durante nossa conversa com Carlos Heitor Cony, percebemos que a sua reputação como escritor aparece como fundamental nas estratégias de imposição estatutária. O fato de Cony ser reconhecido no meio literário, além de outros mecanismos sutis de demonstração do seu estatuto, como o uso do jargão da área e a descrição de técnicas estilísticas, esteve presente em toda a nossa conversa. Por isso, nem entrevistador nem entrevistado precisaram questionar sua posição como escritor. Nossas indagações em torno da identidade de Cony acabaram por enfatizar o modo como ele define seu trabalho como jornalista, sobretudo as crônicas publicadas na *Folha de S.Paulo* e nas diversas passagens pelas redações que marcam sua trajetória. Nesse caso, percebemos que ele prefere dar ao jornalismo um tratamento secundário na apresentação de si, conforme atestam trechos do seu depoimento abaixo:

FÁBIO PEREIRA Em uma entrevista[8], o senhor afirmou que, no seu caso, o escritor precede o jornalista. O que isso significa?

CARLOS HEITOR CONY Eu escrevia antes de ser jornalista. Na verdade, fui ser jornalista, no sentido técnico da palavra, em 1952, e eu já tinha textos escritos e

---

8 Para formular a questão, partimos da entrevista concedida a Cristiane Costa em que Cony declara que: "O escritor precedeu o jornalista. Ele já estava latente. Tanto que envelheci, mas nunca me senti jornalista. É a mesma sensação (descrita no livro *Informação ao Crucificado*) de quando eu estava no seminário e recebia de casa pacotes e cartas para o filósofo João Falcão (ato falho, confunde seu nome com o do *alter ego*, protagonista--narrador do livro). Eu, filósofo? Para mim, filósofo era Aristóteles. Mas era norma mandar a correspondência assim para distinguir os alunos dos cursos de humanidades, filosofia e teologia. A questão é que até hoje me espanto quando dizem que sou jornalista. Não me sinto jornalista".

um deles publicado, um ensaio sobre o Chaplin [...]. Eu fui para o jornal para valer cobrindo as férias do meu pai. Mas eu era um bagrinho, não era jornalista, não tinha carteira assinada.

FÁBIO PEREIRA Então essa precedência é temporal e não profissional.

CARLOS HEITOR CONY É temporal, mas eu também nunca pensei em ser jornalista e exerço a profissão de jornalista rotineiramente, como uma coisa. Na realidade, o que eu me considero mesmo, o que eu gosto, é de escrever. Eu gosto de escrever minhas coisas, sem ser pautado, [gosto de expressar] a minha própria visão de mundo, sobretudo do jeito que eu acho que se deva escrever e não obedecer às regras de lide e sublide. Botar adjetivo onde eu tenho que botar adjetivo.

FÁBIO PEREIRA E atualmente, na *Folha de S.Paulo*, o senhor trabalha como jornalista ou como escritor?

CARLOS HEITOR CONY Hoje é mais de escritor. Hoje, praticamente, é só de escritor. Eu só faço a crônica.

Como já afirmamos, Cony tem uma visão bastante clara do jornalismo, identificando a atividade com a prática da reportagem e a produção do noticiário, quando diz: "O próprio texto do jornal sempre segue tantas regras, que já sai do texto literário. Por isso, o jornalista é obrigado a apresentar redundantemente as informações que ele tem". Em outros momentos, Cony trabalhou essa imposição por meio do vocabulário. É interessante destacar uma situação ocorrida durante a entrevista em que lhe atribuímos o estatuto de colunista, algo que, segundo ele, estaria mais próximo do jornalismo do que da literatura. Nesse momento, Cony fez questão de corrigir, mostrando a diferença entre essas atividades:

FÁBIO PEREIRA No seu discurso na ABL, o senhor falou que herdou do Otto Lara Resende a coluna na *Folha*...

CARLOS HEITOR CONY Não herdei a coluna.

FÁBIO PEREIRA Herdou a crônica.

CARLOS HEITOR CONY Ser colunista, para mim, é o jornalista encarregado de fazer um texto específico. Colunista de televisão, colunista social, colunista de fofoca, colunista de moda, colunista de astronomia, colunista político, são colunistas. Agora, o cronista é aquele que está sobrando, ele não pertence a nenhuma editoria, ele não tem assunto específico [...]. Ele é um produtor de inteligência, uma vez que, a cada crônica, ele procura expressar uma visão de mundo.

Cony, na verdade, define-se como um escritor que pratica (ou praticou) o jornalismo como segunda atividade. Durante a conversa, percebemos que ele conhece o mundo dos jornalistas, seus personagens e convenções. O entrevistado, inclusive, admitiu a existência de pontos de contato entre as duas práticas em sua carreira profissional, explicando que utiliza recursos da literatura para enriquecer suas crônicas: "pegar esse texto engraçado, esparramar um pouco de óleo para lubrificar as engrenagens". Comentou também de um caso em que utilizou recursos jornalísticos em um texto literário, como no seu romance de maior sucesso, *Quase memória*. O interessante, nesse caso, é que esse tipo de apropriação foi desprezado por Cony, como se o jornalismo afetasse negativamente a qualidade da obra literária:

> Existe na minha obra um exemplo do uso de técnicas jornalísticas na literatura de um ponto de vista *negativo, às avessas*. Num dos meus romances, *Quase memória*, eu misturo técnicas de jornal, técnicas de crônica, técnicas de literatura, de ficção. Daí que eu botei Quase memória: quase romance [...]. *E eu dei a explicação dizendo que tenho repugnância de chamar aquilo de romance*[9]. [Grifo nosso]

O fato de Cony conhecer as convenções do jornalismo e da literatura e utilizá-las ocasionalmente para produzir *crossovers* funciona como um mecanismo de distinção, em que ele busca destacar o seu estatuto de escritor. Cony se coloca como alguém capaz de transitar entre dois mundos, mas que escolheu propositadamente o que considera o mais nobre deles: a literatura.

No caso de Juremir Machado da Silva, percebemos uma estratégia semelhante. Juremir é professor da PUC-RS, romancista e escreve crônicas diárias para jornal, rádio e tevê. A aquisição dos atributos institucionais necessários para se tornar professor e pesquisador universitário (titulação, publicação de livros e artigos, ingresso em um programa de pós-graduação reconhecido) e escritor (publicação de romances, realização de traduções) lhe permitiu colocar em segundo plano o estatuto de jornalista na construção da sua identidade como intelectual. Juremir se diz "satisfeito" em ser visto como um "acadêmico no jornalismo" e considera que essa situação está de acordo com seus "gostos" e "personalidades".

O entrevistado possui, na verdade, um bom conhecimento do sistema de convenções do mundo dos jornalistas. Cursou jornalismo, trabalhou como repórter de esportes, correspondente, editor e subeditor de assuntos internacionais. Atualmente, trabalha como cronista e seria plausível acreditar que pudesse situar essa atividade como uma continuidade na sua carreira de jornalista. Contudo, ele prefere situá-la como uma manifestação secundária do seu trabalho acadêmico. Primeiramente porque ela só aconteceu por causa da legitimidade adquirida como professor: "A verdade é que eu fui consolidando o meu caminho na universidade. Só que, quando eu desisti do jornalismo, aí o jornalismo não desistiu de mim [...],

---

9 Na apresentação de *Quase memória*, Cony explica que o livro "oscila, desgovernado entre a crônica, a reportagem e, até mesmo, a ficção. Prefiro classificá-lo como 'quase-romance' – que de fato o é" (p. 7).

eu comecei a receber propostas, uma atrás da outra, proposta de jornal, proposta de rádio". Segundo, porque prefere definir seu estilo de cronista como uma manifestação, no espaço jornalístico, do que ele chama de suas "influências intelectuais": o ceticismo niilista do sociólogo Michel Maffesoli, o otimismo de Edgar Morin e o "olhar *décalé*" de Jean Baudrillard – todos os três sociólogos franceses bastante reconhecidos no meio acadêmico. Em outra situação, Juremir, ao comentar sobre crônicas, afirmou ter adotado a postura do "intelectual pós-moderno", no lugar do estatuto de jornalista.

Além disso, sempre que se refere ao jornalismo, assume o papel de sociólogo, pelo vocabulário utilizado e pela visão de mundo que expressa. Em nossa conversa, Juremir fez, por exemplo, diversas referências a conceitos de Pierre Bourdieu, admitindo ainda que seu livro *A miséria do jornalismo brasileiro* (Silva, 2000) é uma tentativa de trazer ao Brasil o debate iniciado na França pelo autor de *Sobre a televisão*. Em certo momento, ao comentar sua crônica "O amigo do Diogo Mainardi", publicada na *Revista Press & Advertising*, na qual reclama do fato de alguns jornais estarem reduzindo sua reputação às relações de amizade que possui com o então cronista da revista *Veja*, Juremir utilizou uma expressão que ilustra de forma bem evidente seu olhar acadêmico sobre o jornalismo: "O que eu escrevi no meu texto *é uma coisa bem típica de mídia*, o jornalista gosta de rótulos, de deduções" [grifo nosso]. Essa relação de superioridade do sociólogo com relação ao jornalista se repetiu ao longo da entrevista, muitas vezes de maneira não intencional.

Jornalistas que intervêm no espaço intelectual

O segundo grupo analisado, composto por Mino Carta, Flávio Tavares, Carlos Chagas, Raimundo Pereira e Zuenir Ventura, negocia seu estatuto assumindo majoritariamente a identidade de jornalista. Alguns chegam a admitir incursões em outros espaços. Contudo, são vistas como atividades secundárias, como desvios nas suas carreiras profissionais. Ou ainda como manifestações que, embora destoantes do que se convencionou chamar de jornalismo, devem também ser incluídas em uma definição mais ampla dessa atividade.

Embora tenham produzido trabalhos de sucesso na literatura, Mino Carta e Flávio Tavares se mostraram satisfeitos com a reputação e a legitimidade adquiridas na prática jornalística. Certos atributos, que consideram necessários para o desempenho do papel de intelectuais – ou, ao menos, para um sentimento de realização profissional –, foram adquiridos como jornalistas. Por isso, não sentiram a necessidade de impor outro estatuto durante nossa interação.

Quando comentou, por exemplo, sua atuação literária, Mino Carta afirmou que escreveu seu primeiro livro, *O castelo de âmbar*, "como jornalista". O segundo, *A sombra do silêncio*, foi escrito "como um dever em relação à sua consciência", sem buscar, portanto, consolidar uma carreira. A partir daí, preferiu não dar continuidade à produção literária. Existe, inclusive, o projeto de um terceiro livro, também ligado às suas experiências jornalísticas, que não foi concretizado porque ele se considera "muito preguiçoso". Em compensação, Carta discorreu sobre sua história de vida no jornalismo, destacando o sucesso dos veículos que dirigiu e a coerência dos seus pontos de vista e das suas atitudes tomadas na função de chefe.

No caso da relação entre jornalismo e pintura, chegamos a cogitar que Mino talvez negociasse separadamente o seu estatuto como artista plástico e que, nesse caso, sua produção artística pudesse ter adquirido um *status* independente ao do jornalismo. Mas o próprio Mino Carta negou esse tipo de situação – "Não acho que ela destoe da minha atividade jornalística" – sem explicar, contudo, quais seriam as complementaridades entre essas duas competências. Podemos supor, a partir do depoimento de José Carlos Bardawill (1999), que trabalhou durante anos como repórter sob a chefia de Mino, que certos conhecimentos artísticos do atual diretor de *Carta Capital* foram aplicados ao longo de sua carreira em decisões editoriais ligadas à diagramação de uma página ou à escolha das fotografias para ilustrar determinada matéria ou edição.

Na verdade, Mino Carta contou que passou a se dedicar à produção artística quase como um *hobby*: "Eu, quando menino, queria ser pintor, não queria ser jornalista [...]. Fui para a Itália para pintar e acabei fazendo jornalismo. Depois voltei, parei de pintar por 14 anos. E exatamente nos tempos da censura duríssima, eu, às vezes, me escondia e ia pintar [ri] para recuperar o bom humor". E acrescentou que, apesar do relativo sucesso nesse campo, ele ainda é identificado pelo público como jornalista: "É normal que as pessoas, em primeiro lugar, considerem o jornalista. [...] Acontecia muito: pessoas que iam à inauguração da exposição faziam perguntas sobre jornalismo, perguntavam até sobre o que eu achava do presidente daquele momento, da política".

Flávio Tavares é outro que coloca em segundo plano a reputação adquirida como escritor: "Eu não quis virar escritor, a minha literatura eu fiz pelos jornais, nas grandes séries de reportagem que escrevia, nas minhas colunas políticas, nos meus comentários, nos meus artigos". Quando perguntamos sobre *Memórias do esquecimento* (1999), seu livro mais conhecido e literário, Tavares explicou que "também é um livro jornalístico, até na narração, só que eu acho que é *um jornalismo que te leva a pensar*" [grifo nosso]. Em alguns momentos da nossa conversa, o entrevistado afirmou que o jornalismo é uma atividade que exige dedicação exclusiva e que não permite que sobre tempo para ingressar de forma mais consistente na carreira literária. Nesse caso, percebemos que, entre as duas práticas, ele teria escolhido o jornalismo. Na verdade, o estatuto de jornalista possui, na opinião do entrevistado, uma legitimidade social que não é, de forma alguma, inferior à de escritor. Quando questionamos a falta de criatividade ou o estilo menos rebuscado do jornalista em comparação ao literato, Tavares explicou que era "a indolência que tirava a criatividade no jornalismo" e que "a notícia em si, o jornalismo em si, a capacidade de observação, é a síntese e só se encontra na boa literatura".

Um terceiro estatuto marca a carreira de Flávio Tavares: o de professor – atualmente aposentado – da UnB. Durante a conversa, percebemos que essa atividade marca sua história de vida, pois, além da entrevista, ela é citada em suas *Memórias do esquecimento*. Contudo, não chega a influir na sua autodefinição. Em parte, porque foi uma passagem breve pela universidade (dois anos) e que não pôde ser retomada: "Eu sou professor da Universidade de Brasília e dei pouco à Universidade de Brasília porque não me deixaram dar, havia sempre um empecilho", diz. E também pela maneira como se posiciona, criticando o meio pelo academicismo exagerado, pelo fetichismo em torno das titulações, pela falta de articulação com a prática profissional.

Carlos Chagas também coloca o jornalismo em primeiro plano na sua definição estatutária. Não fizemos pergunta específica sobre sua autorrepresentação, mas percebemos que suas intervenções em outros domínios, como a universidade, instâncias políticas (Conselho de Comunicação Social e Conselho de Defesa dos Direitos da Pessoa Humana, da Associação Brasileira de Imprensa) e no meio editorial aparecem como subordinadas à sua prática como jornalista. Tais atividades foram mencionadas de forma breve e subsidiária no final da narrativa sobre sua história de vida. Seus livros são resultados de reportagens, relatos de bastidores ou memórias jornalísticas. Nas disciplinas que ministrou na UnB – História da Imprensa e Ética e Legislação em Comunicação –, Chagas preferia abordar sua longa experiência pessoal e profissional ao invés dos aspectos teóricos das Ciências da Comunicação. Como Tavares, Chagas também tem uma postura bastante crítica com relação ao academicismo que marcaria o ensino de comunicação e jornalismo nos dias de hoje.

Raimundo Pereira se considera um jornalista. Em nenhum momento se definiu como político ou militante partidário, recusando, aliás, esse rótulo durante a nossa conversa. Explicou, entretanto, que, no decorrer da sua carreira profissional, pôde trabalhar tanto no que chama de "imprensa das grandes empresas", como na "imprensa popular[10]". Do ponto de vista da interação, não percebemos uma dupla

---

10 Raimundo Pereira prefere usar os termos "imprensa das grandes empresas" e "imprensa popular" no lugar das expressões já correntes "grande imprensa" e "imprensa nanica ou alternativa". Em entrevista ao blogue do Zé Dirceu, explica que considera "ruim" o termo "alternativa" e define esses veículos como ligados a várias correntes progressistas que fazem uma crítica profunda ao sistema capitalista propondo um novo sistema social. O caráter político e ideológico dessa terminologia nos parece, aliás, bastante revelador da estratégia de negociação identitária de Raimundo Pereira.

condição estatutária resultante das duas atividades, pois o entrevistado acaba assumindo que o jornalismo é um só e que a imprensa alternativa apenas garante melhores condições de realizar o que ele espera da profissão. Para Pereira, a dimensão política e militante está sempre subjacente à atividade jornalística, a diferença está apenas no lado escolhido pelo profissional para exercer seu engajamento.

Durante sua trajetória, Zuenir Ventura se destacou como repórter e editor de cultura. Levando em conta o conhecimento e as relações profissionais e de amizade adquiridas nesses anos, além de sua formação universitária em Letras Neolatinas, podemos dizer que ele tem um bom conhecimento das convenções ligadas à literatura. O sucesso obtido com o seu primeiro livro – *1968, o ano que não terminou* (40 edições) – abriu espaço para publicação de outras obras. Até o final de 2008 já haviam sido publicados 11 livros, entre romances, reportagens, coletâneas de crônicas e memórias. Ventura, contudo, ainda prefere se assumir como jornalista. Quando falou, por exemplo, do processo de redação de *1968*, ele se posicionou como alguém que busca dar um tratamento literário a um livro que se pretendia jornalístico: "Eu apurei como uma reportagem e escrevi como se fosse um romance sem ficção". Além disso, o fato de algumas pessoas confundirem o *status* atribuído a ele e ao livro muitas vezes o incomoda:

> Eu recebia muito, na época, esse tipo de reação, de que o livro parecia ficção, parecia romance, isso até como elogio. E eu dizia: "Bom, mas se é um romance sem ficção, eu gostaria que ele fosse elogiado por ser uma reportagem bem escrita e não por ser um livro parecido com um romance".

Ele deixa clara sua posição, inclusive, quando o questionamos mais diretamente com relação ao seu estatuto:

FÁBIO PEREIRA O senhor se considera jornalista ou escritor. Ou os dois?

ZUENIR VENTURA Como não são incompatíveis, eu trabalho nas duas atividades bem, embora eu diga sempre que eu sou jornalista, porque eu sou jornalista mesmo fazendo ficção.

Quando diferentes estatutos coexistem e se complementam

Durante nossa análise, percebemos que os entrevistados Adísia Sá, Alberto Dines e Antônio Hohlfeldt reconhecem que sua vida profissional está marcada pela coexistência de vários estatutos: jornalistas-professores, jornalistas-escritores, jornalistas-professores-escritores-políticos. Embora existam hierarquias individuais que definem a forma como interiorizam e vivenciam tais estatutos – Dines talvez se assuma como jornalista, Hohlfeldt mais como professor e político –, não se pode afirmar que as demais atividades sejam subsidiárias ou marginais na auto-definição dessas pessoas. De fato, mesmo que o jornalismo tenha sido o ponto de partida da carreira de alguns entrevistados, eles se sentiram confortáveis em ser reconhecidos e em transitar de um estatuto ao outro durante nossa conversa.

A análise da interação com Alberto Dines merece certo cuidado, pois sua estratégia de imposição estatutária não aparece de forma clara. Ainda que tenhamos situado sua estratégia como multiestatutária, ele, na verdade, oscilou entre as duas estratégias no decorrer da entrevista. Por isso, nossa decisão de situá-lo em tal seção fundamenta-se apenas no que consideramos ser o resultado desse processo.

Em alguns momentos, Dines parecia tratar jornalismo e literatura como sinônimos ou definir o jornalismo como subcategoria da literatura: "A gente não pode ter medo dessa palavra, 'literário', *porque o jornalismo é uma arte literária*" [grifo nosso]. Para embasar seu ponto de vista, chegou a recomendar a leitura de *O jornalismo como gênero literário*, de Alceu Amoroso Lima. Em outras situações, Dines se colocou como um praticante do que chama "jornalismo literário ou narrativo", afirmando dar um tratamento estilístico aprofundado aos seus textos jornalísticos e também recorrer a métodos e técnicas jornalísticas na produção de biografias. Sobre o livro *Morte no paraíso*, por exemplo, explicou que o ponto de partida usado para reconstruir a vida do escritor austríaco Stephan Zweig foi a adoção de um procedimento jornalístico:

> Quando o Abraão Cougar [agente, no Brasil, do escritor Stephan Zweig] entregou os arquivos para mim, tinha um material fantástico, [...] mas o mais importante foi a agenda de telefones do Stephan Zweig. Eu reagi como repórter de polícia: eu quero isso [...]. Aquilo foi definitivo.

Em outro momento, Dines falou da necessidade de se integrar as duas atividades (jornalismo e literatura) no cotidiano das redações:

> Não adianta você ficar elaborando uma série de coisas fantásticas enquanto jornalista, mas o seu texto ser um texto aborrecido, chato, ilegível. Você tem que trazer – já que você tem essas preocupações intelectuais – uma noção de literatura para o jornalismo. Essa ponte eu acho muito importante.

Quando se posiciona como um crítico da mídia, Dines assume muito mais o olhar de jornalista que o de sociólogo, até porque considera o *site Observatório da Imprensa* uma atividade jornalística. Apesar de ter trabalhado como professor e de participar frequentemente de grupos de pesquisa, encontros, congressos, seminários, Dines também partilha da visão de outros entrevistados (Chagas e

Tavares) ao adotar uma postura crítica em relação à universidade, excluindo-se do meio acadêmico:

> Por um lado, eu acho que a academia é indispensável na vida de qualquer pessoa, sobretudo se você está ligado a uma atividade que exige pensamento. A universidade no Brasil burocratizou o pensamento, ela esmaga qualquer possibilidade de você ter uma criação, até de você ter um crescimento. Nas teses e dissertações que me chegam, eu fico abismado com as simplificações, com as reduções, a coisa fica reduzida, achatada. Fico muito feliz em ver posturas como: "Que bom que eu não entrei nesse processo porque fico com a chance de, pelo menos, pensar diferente, de ver melhor".

No decorrer da interação, contudo, percebemos que o entrevistado admite que seu trabalho também poderia ser classificado como literatura e que ele se considera, de certa forma, um escritor: "Tenho uma intensa atividade jornalística, que é o *Observatório da Imprensa*, e a minha atividade ligada à literatura ou sei-lá-o-quê está cada vez mais absorvente". Ou seja, do mesmo modo que Dines destacou o uso de técnicas jornalísticas para escrever *Morte no paraíso*, ele comentou ter adotado uma sofisticação estilística na elaboração de *Vínculos do fogo*, sua segunda biografia, a qual, por isso, deve ser considerada um trabalho literário. O primeiro capítulo da obra, em que descreve a morte do poeta judeu Antônio José da Silva, por exemplo, é uma prosa redigida com ritmo e metrificação poética.

Na verdade, Dines afirma que as convenções adquiridas em um mundo social podem ser aplicadas em outros, sem que isso lhe obrigue a assumir um estatuto hegemônico. Isso fica evidente na forma como ele definiu seu trabalho como biógrafo: "A biografia me ajudou muito a encontrar esse caminho do jornalismo literário, em que eu posso ser perfeitamente qualificado como biógrafo e também qualificado como jornalista dentro do mesmo trabalho". Quando analisado do ponto de vista da identidade, percebemos como isso se reflete, durante a interação, na convivência entre dois estatutos que aparecem coesos e complementares:

FÁBIO PEREIRA Dos diversos Alberto Dines, o jornalista, o biógrafo, o que produz crítica da mídia, como você se define?

ALBERTO DINES A pergunta é cabível, mas a resposta não vai te atender porque eu não me divido, eu sou um todo, eu e todo mundo. [...] Você vê, tudo isso são fases que vão se superpondo em que eu não vejo onde está a fase do crítico do jornal, do repórter, do editorialista, do comentarista político, do biógrafo ou do mero contista. Tudo isso vai se concatenando. Por quê? Porque eu também percebo que também tenho de me concatenar, eu não sou feito de gavetas separadas.

Essa articulação permeou toda a nossa conversa. Dines se definiu como "um bom jornalista" ao falar sobre sua carreira profissional. Ao mesmo tempo, assumiu claramente a postura de intelectual durante a interação. Na verdade, a entrevista foi pontuada por citações e referências de cunho literário, cultural e acadêmico. Em certos momentos, fez indicações de livros, passou contatos de outros pesquisadores da área e chegou a nos enviar pelo correio alguns textos que considerou importantes para a pesquisa.

Talvez, por se tratar de uma entrevista para uma tese de doutorado, acreditamos que Dines tenha estabelecido – não sabemos se propositadamente – um patamar mais erudito para nossa interação, em que era possível atuar a partir do papel de intelectual. É possível também que as sociabilidades que ele compartilha, bem como a sua trajetória de vida, expliquem a forma como ele se portou nas duas entrevistas.

Ao abordarmos Adísia Sá acerca da maneira como ela administra ou assume diferentes estatutos – jornalista, professora e filósofa –, obtivemos uma resposta semelhante à de Dines. Ou seja, ela também admite diferentes "eus", que se juntam em uma mesma pessoa, a partir de relações de complementaridade, sem a preocupação de compartimentá-los durante as interações:

FÁBIO PEREIRA A senhora tem formações distintas. A filosofia, que é mais reflexiva, a de jornalismo, que é uma prática cotidiana. Como conciliar essas formações, essas atividades?

ADÍSIA SÁ Não há ruptura entre a mulher que pensa, a mulher que escreve [livros, artigos científicos e filosóficos] e a que escreve em veículo diário. Se eu tenho compromisso com a minha realidade, a realidade brasileira, a realidade em que eu estou e vejo, eu vou comentá-la, criticá-la, eu critico e escrevo dentro dela. Evidentemente que o ciclo da mensagem vai chegar ao grande público e isso eu tenho consciência de que pesa bastante.

No caso de Adísia, essa passagem entre dois estatutos também foi frequente nos papéis sociais assumidos durante a entrevista. Adísia se portou como uma jornalista, reafirmando mitos (objetividade, imparcialidade), preconceitos (como a crítica ao academicismo nas universidades), demonstrando conhecimento sobre o meio profissional (em vários momentos fez referências a jornalistas cearenses) e sobre as rotinas de redação. Mas colocou-se ainda como uma ex-dirigente sindical quando tratou os colegas de profissão pelo título de "companheiros". Ao mesmo tempo, recorreu a conceitos da filosofia ("a verdade ontológica", "preparo epistemológico") para falar sobre o jornalismo. E reafirmou constantemente seu papel como docente, pois fez referência a si pelo modo como é conhecida na cidade de Fortaleza, "professora Adísia". Aliás, terminamos nossa conversa falando sobre um artigo teórico que ela estava preparando por ocasião do XXX Congresso da Associação Interdisciplinar de Estudos sobre Comunicação (Intercom).

Seja porque possui os atributos necessários ou porque admite transitar muito bem em diferentes espaços, Antônio Hohlfeldt também pode ser identificado a partir de quatro estatutos profissionais: jornalista (crítico de teatro), professor universitário (Comunicação na PUC-RS), escritor (de ensaios e de literatura infanto-juvenil) e político (ex-vereador, ex-vice-governador e, desde 2007, presidente da Fundação Ulysses Guimarães, ligada ao PMDB). A forma como esses estatutos são negociados por Hohlfeldt segue a mesma estratégia de Dines e Adísia: convenções adquiridas no decorrer de suas histórias de vida permitem transitar e ser reconhecidos em diferentes espaços. É o caso de sua atividade de ensaísta e crítico de literatura: "Acabou juntando a parte de jornalista, a parte do escritor, agora como ensaísta, como crítico".

Em certos momentos, o entrevistado mostrou como convenções adquiridas na literatura ajudaram-no na prática jornalística: "Minhas perguntas não eram: 'Como é que começou?', não eram aquelas perguntas idiotas, eu já podia questionar diretamente em cima de algumas questões do próprio trabalho do cara [entrevistado]". Em outros momentos, citou o uso de convenções do jornalismo dentro da prática política:

Eu tinha visto na TV Globo uma pesquisa de opinião sobre o Movimento dos Trabalhadores Sem Terra que tinha sido muito ruim para o Movimento: mais de 60% era radicalmente contrário a ele. Eu estava como governador naquele dia. Tinha pensado: "De manhã vou chamar a secretária de Segurança, para a gente dar uma prensa nesse negócio", porque nós estávamos com alguns problemas de invasão aqui. [...] Quando eu chego às oito horas no Palácio [Piratini, sede do governo do Rio Grande do Sul], está o chefe da Casa Militar: "Governador, invadiram a Aracruz [empresa de papel e celulose]". Eu disse: "É agora que nós vamos usar aquilo". Usei claramente um dado jornalístico, sabendo de um clima de opinião que eu tinha e trabalhei esse clima de opinião.

Hohlfeldt comentou também a aplicação da experiência e das competências adquiridas na universidade em seu trabalho como jornalista e político:

FÁBIO PEREIRA O fato de você estar refletindo sobre jornalismo ajuda também na hora de escrever?

ANTÔNIO HOHLFELDT Sem dúvida. Ajudou na hora de escrever e ajudou na hora do governo, na hora da política. Eu procurava ter bem claro as posições, ser coerente com o que eu estava discutindo em sala de aula, de forma que isso balizasse minha ação enquanto responsável pelo governo.

A entrevista seguiu marcada por exemplos do uso de convenções ligadas a um estatuto em atividades correlatas. Hohlfeldt também articulou seus estatutos pelo desempenho de papéis e por estratégias de imposição estatutária durante a interação. Atuou como professor indicando biografias, fazendo referências a livros nas suas respostas (*As ilusões perdidas*, de Balzac; *Pena de aluguel*, de Cristina Costa). Em outros momentos, afirmou-se como jornalista; quando respondeu a respeito do jornalista-intelectual, expressou uma definição de jornalismo identificada com o discurso de legitimação da profissão. Em certos momentos, colocou-se claramente como político (em um discurso, por exemplo, sobre "suas realizações como vice-governador do Rio Grande do Sul"). Assim, podemos afirmar que a situação multiestatutária de Hohlfeldt não lhe causa desconforto, nem lhe impõe problemas de gestão da sua identidade.

Mudanças na carreira e a construção da identidade

Para assumir um ou vários estatutos, os atores sociais precisam organizá-los de forma a adquirirem uma coerência lógica na vida – o risco, caso não o façam, é o de incorrer em um sentimento de desperdício, de abandono de si. No caso dos entrevistados, além das estratégias de adoção de um estatuto hegemônico ou da assunção de complementaridades entre as convenções que marcam as diferentes atividades, observamos que vários preferiram se situar recorrendo à descrição de suas carreiras profissionais (Strauss, 1992). Essa tática, aliás, é bastante condizente no contexto de uma pesquisa centrada em histórias de vida, pois permite aos entrevistados remeter sua construção identitária a uma dimensão temporal.

A carreira profissional remete a mecanismos relativamente estáveis que permitem prever e colocar em andamento o desenvolvimento de uma trajetória dentro de uma instituição ou mundo social, de forma que a identidade possa ser preservada e reforçada. Ela remete a mudanças de estatuto vistas como normais para os praticantes de uma profissão. Se tomarmos a carreira de jornalista, por exemplo, podemos afirmar que, em geral, ela se inicia com a função de repórter, passa para os cargos intermediários de chefia (chefe de reportagem, chefe de sucursal, subeditor), segue para a posição de editor, redator-chefe e termina com a direção de redação. Ou ainda pode levar à atuação em gêneros opinativos como colunista, editorialista e cronista.

Mudanças institucionais mais acentuadas implicam o enfraquecimento dos laços entre o indivíduo e a sua profissão, levando a rupturas no modo como ele conduz sua carreira. Nesse caso, transformações nas práticas jornalísticas podem marginalizar certas carreiras ou levar alguns indivíduos a construir vias alternativas de consagração na profissão. O conceito de carreiras profissionais ainda remete à percepção subjetiva que a pessoa faz da sua trajetória, expressa durante as interações, por meio de sentimentos de continuidade, evolução, estagnação e ruptura. Por isso, antes de ser analisadas dentro de uma dimensão macrossocial, as carreiras também devem ser observadas pelo seu caráter individual, na maneira como os entrevistados organizam as suas trajetórias.

Vejamos, na próxima seção, como se apresentam os sentimentos de continuidade ou de ruptura partilhados pelos atores ao narrar suas trajetórias pessoais.

Estabilidade na carreira e nos estatutos

Trabalharemos o primeiro grupo de entrevistados, cuja carreira se desenvolveu, segundo eles, naturalmente, sem a existência de rupturas ou sem a necessidade de que fossem criadas vias alternativas de ascensão profissional. É o caso de Adísia Sá, Antônio Hohlfeldt, Carlos Chagas e Mino Carta. Eles admitem a existência de mudanças estatutárias, previstas na própria carreira, e também de processos de aquisição e acúmulo de diferentes estatutos. Contudo, ao se referir a essas situações, evitam falar em transformações do ponto de vista identitário.

Adísia Sá graduou-se em Filosofia pura pela Universidade Católica do Ceará em 1954. Trabalhou como docente na área na Universidade Estadual do Ceará até se aposentar. Um ano após ter adquirido o diploma de filósofa, ingressou no jornalismo como repórter de polícia e seguiu carreira na profissão (reportagem política, comentários no rádio, direção de rádio, *ombudsman*), além de atuar nas entidades sindicais na área. Em 1965, juntou-se a alguns colegas para criar o curso de Jornalismo da Universidade Federal do Ceará. Tornou-se professora de Comunicação e seguiu carreira na área – publicou livros, defendeu uma tese de livre-docência que lhe garantiu o cargo de professora titular – até se aposentar. Para Adísia, a adoção de diferentes carreiras em nenhum momento pode ser vista como um desvio na sua trajetória. A formação em filosofia garantiu os atributos necessários para que adquirisse o estatuto de professora. A integração entre prática profissional, militância sindical, reflexão teórica e docência em jornalismo lhe parece perfeitamente natural e é também uma característica da trajetória da sua geração, segundo declarou:

> Muitos daqueles jovens se tornaram conhecidos e participaram das universidades. Hoje eles ainda participam. O [jornalista Gilberto] Dimenstein participa da universidade e tantos outros jovens, cujo nome não me vem à memória, mas os tenho todos na lembrança. Eram dois grupos aparentemente separados, mas que se juntavam. O Antônio Firmo de Oliveira Gonzáles, por exemplo, do Rio Grande do Sul, era dirigente sindical, militante de puxar tapete, de brigar, ao mesmo tempo foi para os cursos de jornalismo.

Formado em Letras e com um curso incompleto em Jornalismo, Antônio Hohlfeldt ingressou na profissão como colaborador de jornal. Tornou-se repórter de cultura e crítico, atividade que exercia até o ano de 2008. Em 1976, foi convidado para dar aulas na Universidade Vale dos Sinos (Unisinos), no Rio Grande do Sul, e, em 1982, ingressou na PUC-RS, seguindo carreira acadêmica (cursou mestrado, doutorado, ingressou em um programa de pós-graduação etc.). Em 1977, iniciou sua trajetória como escritor, com a publicação de um ensaio. Um ano depois, tornou-se autor de literatura infantojuvenil. No final da década de 1970, ingressou no PT e, em 1982, foi eleito vereador e passou a exercer cargos eletivos até 2006. Para Hohlfeldt, o ingresso nessas diferentes carreiras seguiu uma ordem lógica do ponto de vista da complementaridade de estatutos: "Brincando um pouco, eu digo que o jornalista é aquele cara que sempre fala mal de alguma coisa; o professor é aquele cara que sempre tem solução para alguma coisa; e o político é o que tem que resolver o problema. Eu acho que a sequência foi essa". Ele faz questão de explicar que, em nenhum momento, interrompeu suas atividades no jornalismo e na universidade. Durante a narrativa, percebemos ainda como amizades e competências adquiridas no jornalismo lhe permitiram acumular tais estatutos sem necessidade de grandes rupturas em termos de identidade.

ANTÔNIO HOHLFELDT Meu primeiro livro é de 1977. É um livro sobre dramaturgia do Rio Grande do Sul, que foi um livro encomendado pela área cultural da Assembleia Legislativa do Estado do Rio Grande do Sul [...]. Uma antologia em dois volumes em que eu reunia conto, romance, poesia e crônica daqueles escritores que estavam naquele momento e tudo [trata-se do livro *Mudanças: quatro ensaios de sociologia da arte*]. Mas sempre o meu contato qual era? O jornal. Eu, Antônio Hohlfeldt estava aparecendo no jornal, o *Correio do Povo* tinha um peso, naquela época, fantástico.

FÁBIO PEREIRA E como se dá esse contato com as editoras?

ANTÔNIO HOHLFELDT Na verdade, eu fazia os comentários de literatura no *Caderno de Sábado*, ensaios mais longos e, em algum momento, me chamou a atenção que começava um movimento diferenciado de literatura infantil [...]. Eu passei a ter contato com esses caras, recebia o livro, comentava. [...] Passei a ir aos congressos pela área de letras – você vê que o casamento [entre duas formações, em jornalismo e letras] era bom por causa disso –, passei a conhecer as editoras [...]. Outros contatos, através das entrevistas, dos congressos, dessas viagens. [...] Surgiu o convite da Unisinos para eu dar aulas no jornalismo. O coordenador do curso era o Antoninho González, meu colega de Caldas Júnior – ele era da *Folha da Tarde*, eu era do *Correio do Povo*. [...] Na Unisinos, eu fiquei de

1976 a 1982, de lá eu vim para cá, para a PUC [...]. O Sérgio Caparelli era professor aqui na PUC, na mesma área que eu, fez concurso para a UFRGS, abriu a vaga e me chamou para vir. Colega meu da Caldas Júnior, o Sérgio Caparelli trabalhava na *Folha da Manhã*. [...] Na Unisinos, como professor, eu participei da criação da associação de docentes. No jornalismo, eu participei do sindicato [...]. Dessa experiência, acabei entrando para a política [...]. A Caldas Júnior tinha a mania de dar a impressão dos santinhos usados na campanha política de presente para a gente que trabalhava no jornal. Então, a minha campanha, na verdade, foi santinho no *Correio do Povo* e na *Folha* e algum debate que me convidaram porque eu era jornalista.

No caso de Carlos Chagas e Mino Carta, o sentimento de continuidade na carreira é ainda mais evidente, pois o estatuto de jornalista aparece como hegemônico. Ao falar sobre o ingresso no jornalismo em 1958, Chagas afirma que seguiu "a escala normal da profissão: reportagem geral, reportagem política, chefia de sucursal, apresentação e direção de tevê e produção de comentários". As incursões em outros espaços – assessoria de imprensa de Costa e Silva (em 1969), publicação de livros e o ingresso como professor na UnB – não são consideradas por ele como rupturas profundas na sua carreira profissional, pois remetem a estatutos de certa forma ligados à sua identidade de jornalista.

Para Mino Carta, o trabalho como escritor e pintor seguiu paralelamente à carreira jornalística, sem interferir no desenvolvimento desta. No jornalismo, ele ocupou, desde a entrada na *Veja*, em 1968, cargos de direção em veículos impressos (revistas e jornais). Isso lhe permitiu construir sua carreira reafirmando a ideia de que era preciso produzir um jornalismo independente. Quando perguntamos se o seu *status* como diretor da *Carta Capital* representaria a primeira vez em que ele poderia desenvolver esse tipo de jornalismo crítico, sem estar submetido aos proprietários das empresas de comunicação, Mino Carta negou a existência de qualquer tipo de ruptura no modo como conduziu sua trajetória. Segundo ele, mesmo quando era empregado de alguma empresa, sempre adotou uma mesma postura de engajamento político e social – sem ser necessariamente partidário – por meio do jornalismo:

> Eu sempre estive de um lado, já em *Veja*. [...] A *IstoÉ* estava do lado que hoje é ocupado por *Carta Capital*. O *Jornal da República* estava do lado que hoje é ocupado por *Carta Capital*. A revista *Senhor*, que depois eu dirigi na Editora Três, estava do lado de *Carta Capital*. A nova *IstoÉ*, enquanto esteve nas minhas mãos, até agosto de 1993, estava do lado em que está hoje *Carta Capital*. Eu sempre estive do mesmo lado, ou seja, a favor do país e contra a minoria.

Carreiras alternativas, estatutos que se transformam

O segundo grupo analisado aqui reúne os entrevistados cuja carreira principal sofreu rupturas e levou à construção de vias alternativas de consagração profissional, condicionando o modo como seu estatuto se desenvolveu no meio jornalístico e intelectual brasileiro. Analisaremos aqui os casos de Flávio Tavares, Juremir Machado da Silva e Raimundo Pereira.

Quando iniciou sua carreira jornalística no *Última Hora*, em 1959, Flávio Tavares seguiu a trajetória normal de ascensão na profissão (repórter de polícia, repórter de política e colunista político). O fato de ter ingressado na vida acadêmica em 1963, como professor na UnB, não representou, na época, uma mudança na sua trajetória jornalística, e sim um estatuto secundário, um emprego complementar. As grandes transformações na carreira de Flávio Tavares foram provocadas por mudanças na ordem institucional, decorridas do golpe de 1964. O regime militar afetou diretamente sua trajetória acadêmica. O projeto que ele desenvolvia com Frei Mateus, vice-reitor da UnB, para criar uma Faculdade de Teologia dedicada à pesquisa dos "novos deuses da sociedade de consumo" foi interrompido pelo golpe: "Eles acharam que aquela Faculdade de Teologia era coisa de comunista". Por convite do jornalista e professor Pompeu de Souza, passou a lecionar no curso de Jornalismo da UnB, mas foi demitido em 1965. Mais tarde, mesmo com a anistia, Tavares não conseguiu retornar efetivamente à universidade.

Os efeitos do golpe, contudo, foram ainda mais profundos na carreira de Flávio Tavares, pois foram interrompidas as possibilidades de exercício da militância política no regime pós-1964. Embora, no momento da nossa entrevista, Tavares buscasse deixar claro que suas visões políticas não interferiram na sua independência como jornalista, também admitiu que seu projeto de vida ia além da atuação na imprensa: "No fundo, eu queria me dedicar à política, toda a minha geração se preparou para a política". É impossível determinar como seria sua trajetória se a ditadura não houvesse sido instaurada, mas percebemos como tal fato implicou em um sentimento de estagnação, de abandono de si, algo que ele atesta em um trecho do livro *Memórias do esquecimento* (Tavares, 1999, p. 165):

[Em 1964 tenho a sensação de ser] um velho despedaçado, massacrado pelo peso de ser obrigado a calar-se e pela sensação de começar a viver entre muros, observado, vigiado, fiscalizado. E, portanto, mandado. O isolamento de Brasília (e da função de ser colunista político quando a política concreta começava a não existir) talvez agravasse ainda mais essa sensação de não ter feito nada, de ter-se tornado inútil.

O que se segue a partir daí é uma sucessão de rupturas em sua trajetória no jornalismo. Após o golpe, Flávio Tavares ingressou em um movimento clandestino de resistência à ditadura. Seria uma forma radical de abrir um caminho na política, já que os espaços de atuação como jornalista se encontravam fechados. Por outro lado, foi obrigado a recorrer a mecanismos subjetivos de separação estatutária para conseguir gerir sua identidade:

> Eu separava muito bem, quase numa relação de dupla personalidade. Do meio-dia às oito da noite, eu era o jornalista que ia ao Palácio do Planalto em plena ditadura, que convivia com o pessoal do partido que apoiava a ditadura. [...] Depois disso, eu saía do jornal, tirava meu paletó e gravata, punha uma camisa esporte e ia conspirar nos arredores de Brasília.

Essa situação se agravou progressivamente com sua primeira prisão, em 1967; sua liberação após *habeas corpus*; o pedido de demissão do *Última Hora*; e, em seguida, a participação em uma ação para libertar nove marinheiros presos após um levante. Por este último motivo, Tavares voltou à prisão em 1969 e foi submetido a maus tratos e tortura. Sua libertação no mesmo ano[11] resultou na retomada da carreira ainda no exílio, escrevendo para os jornais *Excelsior*, do México, e *O Estado de S. Paulo*, como correspondente. Mais tarde, com a anistia, passou a trabalhar como editorialista do *Estadão* e depois correspondente da *Folha de S.Paulo* na Argentina. A elaboração de *Memórias do esquecimento*, em que relata toda essa trajetória, é uma forma de encerrar definitivamente essa fase, por meio do que Tavares chama de "catarse pessoal". Ela marca também o início da sua carreira como escritor.

O interessante, nesse caso, é que, apesar de o estatuto de Tavares como jornalista se apresentar de forma coesa durante a nossa interação, sua trajetória pessoal aponta para um conjunto de rupturas que afetam a forma como ele trata o jornalismo (como uma atividade que vai além do simples relato dos fatos). Do ponto de vista social, isso interfere em sua reputação no mundo social – como um dos grandes nomes da resistência à ditadura – e lhe garante uma legitimidade que ultrapassa o âmbito das carreiras institucionais no jornalismo.

Ainda que menos radical, a trajetória intelectual de Juremir Machado da Silva também é marcada por rupturas. O entrevistado sempre manteve o interesse acadêmico: cursou História e Jornalismo; fez mestrado em Antropologia, mas foi reprovado durante a defesa. Em um primeiro momento, investiu na carreira jorna-

---

11 Tavares foi um dos 15 presos políticos trocados pelo embaixador norte-americano no Brasil, Charles Burke Elbrick, sequestrado no dia 4 de setembro de 1969 por militantes de duas organizações de esquerda que pretendiam derrubar a ditadura a partir da luta armada, a Ação Libertadora Nacional (ALN) e o Movimento Revolucionário 8 de Outubro (MR-8). Tavares, junto com os demais, foram enviados para o México e receberam o *status* de "banidos" pelo regime militar, o que só mudou com a decretação da Anistia, em 1979.

lística. O relativo sucesso na área (repórter esportivo, repórter de cultura, correspondente na Europa e editor internacional, todos pelo *Zero Hora* de Porto Alegre) explica a falta de interesse na carreira docente, mesmo após a aquisição dos atributos institucionais necessários:

> Quando eu terminei o doutorado na França, em 1995, voltei para Porto Alegre. Curiosamente, voltei determinado a não seguir a vida acadêmica [...]. Eu já estava bem no jornalismo, estava ganhando um bom dinheiro, tinha vindo para ter uma função de editor internacional, a carreira jornalística estava deslanchando bem, eu tinha página no jornal [...]. Era muito legal fazer aquilo. Eu pensava assim: "Bom, não vou ficar acumulando as coisas".

Logo em seguida, Juremir se envolveu em uma polêmica com o escritor Luis Fernando Verissimo que resultou na sua demissão do *Zero Hora*. Trabalhou por um curto período na revista *IstoÉ*, em São Paulo, mas decidiu retornar a Porto Alegre e investir na carreira acadêmica. Nesse período, mesmo fazendo seu pós-doutorado na França, Juremir ainda colaborava com a *Folha de S.Paulo*. Contudo, em 1999, decidiu abandonar definitivamente o jornalismo:

> Quando voltei em 1999 para o Rio Grande do Sul, eu já estava realmente envolvido com outras coisas: traduções, escrever romances. Já tinha pegado definitivamente o gosto pela vida universitária e, para mim, o jornalismo tinha sido deixado para trás. [...] Porque nos primeiros tempos eu ainda tinha a famosa nostalgia da redação, saudades da redação, acabava achando que a verdadeira vida estava lá. Mas, em 1999, isso tinha passado completamente, já não tinha a menor vontade de ser repórter, passar o dia na redação, entrevistar os caras. Eu disse: "A vida está boa aqui na universidade. Eu vou ficar por aqui mesmo".

Um terceiro momento da sua carreira profissional é marcado pelo progressivo retorno à imprensa. Em 2000, Juremir aceitou o convite para publicar uma crônica semanal no jornal *Correio do Povo*. A partir daí, sua colaboração na mídia aumentou progressivamente. Em agosto de 2007, quando o entrevistamos, ele publicava diariamente uma coluna nesse jornal, além de comentários para a Rádio Guaíba e para a Rede Record. Juremir até admite ter retornado ao mundo dos jornalistas, mas alerta que isso ocorreu dentro de novas bases estatutárias:

JUREMIR MACHADO DA SILVA Eu continuo professor [...]. Hoje, a única redação que eu vou é a redação da televisão, porque não tem jeito, tem que ir lá. Então, de alguma forma, eu me reencontrei com o jornalismo, mas nessas condições [...]. Eu sou o professor que vai à mídia, que escreve crônicas, que opina, que tem uma legitimação diferente.

FÁBIO PEREIRA O senhor acha que essa passagem do estatuto de repórter para o estatuto de comentarista foi por causa da legitimidade na universidade?

JUREMIR MACHADO DA SILVA Eu acho que ajuda, que eles me respeitam mais na medida em que me veem – mesmo que seja só no imaginário deles – com um lastro diferente.

Raimundo Pereira é outro entrevistado cuja trajetória é marcada por rupturas. Na imprensa tradicional desde 1965, Raimundo iniciou sua carreira trabalhando como editor em revistas especializadas nas áreas de ciência e medicina e, mais tarde, no jornal *Folha da Tarde*, em São Paulo. Seu primeiro grande momento no jornalismo foi em 1968, quando ingressou na revista *Veja*:

> Em *Veja*, eu tive minha trajetória no período em que a revista se consolidou e me tornei o editor de política. Justamente a equipe, sob a direção do Mino Carta, que ajudou a achar o "rumo" da revista [...]. Essa equipe de política fez a cobertura da incapacitação e, depois, da morte do presidente, o General Costa e Silva. Fui o editor dessa equipe porque nós tínhamos feito uma cobertura de muito sucesso no grande evento anterior mundial, que tinha sido a chegada do homem à Lua.

Pouco depois, Raimundo deixou *Veja* e passou a colaborar para outras publicações da Editora Abril, coordenando, inclusive, a produção de duas edições da revista *Realidade,* a primeira, dedicada à cobertura das mudanças sofridas pelas cidades brasileiras e a segunda, sobre a Amazônia. Em 1972, a falta de perspectivas de atuação política por causa do regime militar; as dificuldades de se produzir um jornalismo militante, devido à censura e à estrutura das empresas de comunicação no Brasil; e, finalmente, a ausência de oportunidades na sua carreira (para alguém que atingira o topo muito cedo) explicam, na visão de Raimundo Pereira (*apud* Kucinski, 2003, p. 303), a necessidade de construir novas vias de atuação profissional: "É um momento crítico; para mim ele marca um ponto de inflexão: chegou no topo e aí você vê aquela estrada. Hoje é uma descida, você não está vendo onde ela vai parar".

A partir daí, Raimundo Pereira passou a dirigir empresas e periódicos ligados à imprensa popular ou alternativa, como os jornais *Opinião, Movimento* e a revista *Retrato do Brasil*. Na década de 1980, voltou a colaborar com a imprensa tradicional, inclusive com a revista *Veja*. Em 1997, fundou a empresa Oficina de Informações e passou a alternar produções independentes, feitas no âmbito de sua empresa, e colaborações com veículos, como a *Carta Capital*.

O interessante, no caso de Raimundo Pereira, está no fato de que ele admite a existência de uma ruptura que implica a aquisição de uma segunda carreira profissional dentro do jornalismo, paralela à sua atuação na mídia tradicional. Ao narrar sua história de vida durante nossa entrevista, Raimundo deixa bem clara essa divisão. Primeiramente, conta todas as atuações que teve no âmbito da grande imprensa, saltando os períodos em que trabalhou na imprensa alternativa. Ao terminar essa parte, retorna completando as lacunas deixadas na narrativa com a sua trajetória na imprensa popular. Existe, portanto, uma mudança do ponto de vista da carreira profissional, mas que não é suficientemente radical. Esse tipo de situação lhe permite transitar entre os dois papéis sociais quando necessário. Nas palavras do próprio Raimundo Pereira (*apud* Gonçalves e Veloso, 2007, p. 1):

> Me considero representante desse tipo de imprensa [alternativa ou popular]. Mas também não aceito que me excluam do campo dos jornalistas de um modo geral, porque tenho um passado e, se precisar, volto a trabalhar para as grandes empresas. Também me considero um jornalista da grande imprensa, onde fiz carreira e ajudei muito. Dei a minha mais-valia para eles.

Trajetórias híbridas: estabilidade e mudança na carreira

Alberto Dines, Carlos Heitor Cony e Zuenir Ventura constituem casos em que a atuação sob diferentes estatutos deu origem, concomitantemente, a carreiras estáveis e a outras marcadas por rupturas e transformações identitárias.

O caso de Alberto Dines é bem revelador desse procedimento. Em 1962, oito anos após seu ingresso no jornalismo, ele já ocupava a direção do *Jornal do Brasil*, considerado um dos veículos de maior prestígio na época. Sua carreira dentro da mídia impressa continuou até os anos 1980, com passagens pelo *Jornal do Brasil* (1962--1973), *Folha de S.Paulo* (1975-1980) e colaborações para *O Pasquim* e para a Editora Abril. A partir daí, Dines se envolveu com a produção de biografias e, já na década de 1990, passou a dirigir um projeto de *media watching*, o *Observatório da Imprensa*.

A percepção inicial sobre a sua carreira é a de que teria havido uma ruptura do ponto de vista identitário, com um progressivo afastamento da atividade jornalística a partir da década de 1980 e a adoção de uma carreira intelectual como escritor e crítico da mídia. Nossa análise, contudo, mostra que esse processo é ainda mais complexo. O entrevistado admite que sua carreira, de certa forma, tomou rumos diferentes do que se espera de um jornalista, mas ele não partilha da ideia de que teria havido uma mudança do ponto de vista estatutário.

Dines explica que, desde sua juventude, sempre manteve o interesse por assuntos culturais e literários. Isso se refletiu em uma trajetória em que sempre buscou fazer um jornalismo mais denso, bem trabalhado, "que equilibre a sua periodicidade, o seu caráter efêmero". Preocupação que, segundo ele, surgiu ainda em 1956, período em que trabalhou como diretor da revista *Manchete*:

> Um dia veio ao Brasil um grande jornalista israelense, redator-chefe do, talvez, maior diário de Israel na ocasião, um jornal trabalhista, que se chamava *Davara* [A palavra]. [...] Depois, ele se transformou no presidente de Israel, Shneur Zalman Shazar. Ele veio visitar a *Manchete* [...]. Mostrei a revista a ele e ele me fez uma pergunta que nunca esqueci: "E onde está a beletrística?". Quer dizer, onde estão as belas letras? Onde estão os grandes textos? [...] Beletrística hoje é uma palavra quase desconhecida e até desprezada, naquela época talvez até mais [...]. Mas eu nunca esqueci isso.

Durante nossa conversa, Dines citou uma série de inovações intelectuais, produzidas durante o período em que dirigiu o *Jornal do Brasil*, como a criação da editoria de pesquisa; dos *Cadernos de Jornalismo*, considerados a primeira publicação regular de crítica dos meios de comunicação do Brasil; e do *Caderno Especial*, precursor dos cadernos de ensaios como o *Mais!*, da *Folha de S.Paulo*. Ele declara: "O que eu podia botar de beletrística, eu botei lá. Um jornal denso, um jornal bem escrito, um jornal com remissões históricas, com um departamento de pesquisa... Ali o Zalman Shazar estava presente, ele teria gostado".

Mais tarde, ao ingressar como colunista da *Folha de S.Paulo*, Alberto Dines teria dado continuidade ao seu interesse por um jornalismo mais literário nos artigos que publicava no jornal:

> Eu realmente queria escrever com sonoridades mais literárias. [...] E, quando eu fiquei com essa tarefa inédita de ter que escrever um artigo diário, procurei dar esse tom. Tenho certeza de que consegui [...]. Eu lia, escrevia, lia, reescrevia, para criar uma coisa sonora, ritmada, com força.

O que teria acontecido também, segundo ele, nos textos de crítica da mídia que escreveu para o *Observatório da Imprensa*, a partir de 1996.

> Eu faço um comentário no meu programa de televisão: um editorialzinho, que é um minuto. [...] Eu levo uma hora fazendo porque tenho que pensar como é que vou dizer isso, se é compreensível. Por outro lado, tenho de fazer que ele tenha certa forma literária, mesmo falando, mesmo lendo.

Nesse caso, haveria uma continuidade na sua carreira profissional, partindo da ideia de que, para ele, o jornalismo deve ser praticado com profundidade e com a mesma preocupação estilística da literatura.

Dines explica que o trabalho de crítica da mídia feito no âmbito do *Observató-rio da Imprensa* teria sido um desenvolvimento natural da sua trajetória no jornalismo. Nesse caso, podemos fazer uma espécie de arqueologia da sua trajetória de crítico, iniciada em 1965, com os *Cadernos de Jornalismo*, passando pela sua experiência como professor de Jornalismo Comparado pela PUC-RJ ("Muito boa, porque serviu para que eu, de certa forma, sistematizasse a minha experiência"); pela redação do livro *O papel do jornal*, editado em 1973 e reeditado sucessivamente; pela coluna "O Jornal dos Jornais", publicada durante o tempo em que trabalhou na *Folha de S.Paulo* e culminando com o trabalho do *Observatório da Imprensa*.

Embora a preocupação literária e crítica tenha acompanhado toda a carreira profissional de Alberto Dines, a aquisição do estatuto de escritor e o ingresso na carreira literária dependeram de uma mudança mais brusca na sua trajetória. Dines explica que, durante a época em que trabalhava em jornal, chegou a redigir e publicar livros de contos, mas de forma secundária: "Eu chamo isso de literatura de fundo de gaveta, literatura da madrugada". Por ocasião da produção de *Morte no paraíso*, essa situação mudou. Após a saída da *Folha de S.Paulo*, Dines encontrou as portas fechadas no meio jornalístico. O trabalho de crítica da mídia realizado na coluna "O Jornal dos Jornais" colocou seu nome em uma espécie de "lista negra" da profissão. Isso o levou a construir uma nova via de atuação profissional pela literatura:

FÁBIO PEREIRA Quando o senhor falou sobre o *Morte no paraíso*, a impressão que tive era de que tinha finalmente tido a oportunidade de sentar e escrever.

ALBERTO DINES Exatamente. Eu acho que eu digo isso em algum lugar. Pela primeira vez, eu fiz literatura à luz do dia.

FÁBIO PEREIRA Então não houve uma ruptura?

ALBERTO DINES Houve uma ruptura porque eu estava desempregado, eu tinha sido demitido da *Folha*. Tinha havido uma ruptura [...]. Com o *Morte no paraíso*, eu assumi como tarefa, de nove da manhã às seis, sete da tarde, fazer literatura à luz do dia. E, de repente, eu descubro a grande convergência, o grande paralelismo entre jornalismo e biografia. Biografia é bom jornalismo, nada mais do que isso.

A trajetória de Carlos Heitor Cony também é marcada pela atuação simultânea em duas carreiras profissionais: jornalista e escritor. Como jornalista, sua carreira segue sem grandes rupturas. Ele ingressou em 1952 no *Jornal do Brasil*, em 1961 entrou para o *Correio da Manhã*, onde trabalhou como redator, cronista, editorialista e editor, até ser demitido em 1965. Um evento ligado à sua carreira literária, a publicação em 1967 do romance *Pessach: a travessia* (Cony, 2007), resultou, devido à ação de intelectuais de esquerda, em um impedimento temporário de suas colaborações no jornalismo. Contudo, é difícil falar em uma mudança radical, pois a atividade jornalística aparece como secundária para Cony. Além disso, já em 1968, depois de um autoexílio de um ano, Cony foi convidado por Adolfo Bloch para dividir sua atuação entre a TV Manchete e a direção e edição de revistas do grupo, além de crônicas, artigos e reportagens, retomando sua colaboração na mídia: "Foi quando eu fui jornalista realmente". Em 1993, passou a redigir oito crônicas semanais para a *Folha de S.Paulo*. Em 2006, por problemas de saúde, reduziu a atividade para quatro textos semanais.

É interessante observar que, apesar de colocar o jornalismo em uma posição secundária nas suas estratégias de negociação de identidade, Cony assume que seguiu uma carreira autônoma nessa atividade. Nega, por exemplo, que, no decorrer de sua trajetória no jornalismo, tenha se aproveitado da reputação como escritor para adquirir reputação no meio. Também afirma que o público das suas crônicas e o dos seus romances difere. Para ele, a carreira literária se desenvolveu de forma independente do jornalismo.

O primeiro romance de Cony, *O ventre*, foi escrito em 1955 e publicado em 1958. Em 1972, ele escreveu *Pilatos*, romance que considera sua obra-prima. A partir daí, mesmo sem abandonar o estatuto de escritor, rompeu com a literatura:

> Depois do *Pilatos*, eu passei 23 anos sem escrever [literatura]. Achei que não tinha mais nada para escrever. Eu tinha 44 anos, 67 era uma idade lógica para morrer. Mas não morri [risos]. Foi o que aconteceu com Thomas Mann. Ele dizia: "Sobrevivi à minha obra". Ele escreveu o *Dr. Fausto* e continuava vivo, famoso e todo mundo atrás dele. [...] Esse é o problema de você viver mais do que a obra.

Em 1995, Cony publicou *Quase memória*, livro que hesitou em considerar um romance. A partir daí, passou a publicar periodicamente romances e novelas, o que assinala um retorno definitivo à atividade de escritor.

No caso de Carlos Heitor Cony, a existência de uma ruptura na carreira profissional, ou seja, o tempo em que ele parou de escrever, causada pelo sentimento de que não escreveria nada melhor do que *Pilatos*, não implicou no abandono do estatuto de escritor em detrimento ao de jornalista. A literatura é vista por ele como predominante, apesar de ter passado um número maior de anos colaborando com a imprensa do que redigindo livros.

Como jornalista, Zuenir Ventura também seguiu uma trajetória bastante comum na profissão. Do arquivo da *Tribuna da Imprensa*, passou a repórter de cultura e ascendeu na escala profissional até os cargos intermediários de chefia (subeditor e chefe de sucursal). Atualmente, é cronista de *O Globo*. A ruptura veio justamente a partir da produção do romance-reportagem *1968: o ano que não terminou*. Ele nos diz: "Como o livro teve essa boa aceitação junto ao mercado, ao público, eu, logo em seguida, tive proposta de fazer outro, fazer outro e não pude mais me livrar dessa outra tarefa de escritor". No seu caso, a produção literária não implicou o abandono do estatuto de jornalista (que ele considera hegemônico), nem uma mudança na carreira profissional, mas na administração simultânea das duas atividades.

As negociações de estatuto e os jornalistas-intelectuais

Finalizaremos este capítulo articulando, de forma mais conclusiva, as relações entre o processo de negociação dos estatutos e de organização da carreira profissional com a visão de mundo expressa pelos entrevistados em torno das categorias de jornalista e de intelectual – vistas no capítulo anterior. O objetivo é interpretar como as negociações em torno das identidades e dos estatutos adquiridos (Quem sou eu? Como cheguei a essa situação?) são reveladoras de estratégias ou trajetórias que conduzem a um possível título de jornalista-intelectual.

Com base nas informações colhidas, classificamos nossos entrevistados em três grupos distintos:

1. Os que partilham da ideia de que todo jornalista integra naturalmente (por função ou estatuto) a categoria de intelectuais (Flávio Tavares, Mino Carta e Zuenir Ventura) definem-se por um estatuto hegemônico de jornalista, colocando em segundo plano as intervenções em outros domínios no processo de construção de suas identidades. Isso significa dizer que, para esses atores, a consolidação das identidades de jornalistas-intelectuais não implica mudança ou aquisição de um novo estatuto, embora possam admitir rupturas ou a construção de vias alternativas em suas carreiras profissionais (casos de Flávio Tavares e Zuenir Ventura).
2. Dentre os entrevistados que acreditam que alguns jornalistas podem vir a ser intelectuais, a atribuição de um título de jornalista-intelectual passa pela aquisição de novos estatutos, complementares ao de jornalismo (Alberto Dines, Antônio Hohlfeldt e Adísia Sá), e que remetem a categorias tradicionalmente ligadas à atividade intelectual, como escritor, professor, filósofo. Tal título pode ainda ser adquirido por meio de mudanças mais profundas do ponto de vista das carreiras profissionais que acarretem um novo estatuto, capaz de garantir os atributos e a legitimidade social necessários ao desempenho do papel de intelectual (Juremir Machado da Silva). Ou pelo menos da função de engaja-

mento no espaço público associada a alguns modelos de intelectual – orgânico de Gramsci e revolucionário de Lênin –, como no caso de Raimundo Pereira.

3. Finalmente, temos o caso de Carlos Heitor Cony, que partilha da crença de que a categoria de jornalista não integra a intelectualidade. Sua estratégia de negociação estatutária consiste em relegar ao jornalismo um papel secundário na definição de si e na carreira profissional, assumindo um estatuto (de escritor) capaz de fornecer os atributos (produção de inteligência, de uma visão de mundo) e os meios (o espaço no jornal para intervenções no espaço público aos moldes do intelectual francês) para o exercício do papel de intelectual.

Ao articularmos essas diferentes dimensões, podemos perceber que é no processo de negociação identitária – e não no simples acúmulo de estatutos – que reside a questão da construção de si. Podemos recorrer a uma declaração de Rémy Rieffel (1993, p. 14) para ilustrar essa situação: "Não se é jamais um intelectual por estatuto, mas sempre um intelectual para alguém". Ou seja, é analisando a forma como todos esses estatutos são articulados por ocasião dos processos interativos que se pode compreender como o outro se define. Contudo, seria ingênuo acreditar que esse processo se esgotaria apenas no face a face das interações com o pesquisador. Na medida em que falamos de uma categoria que até certo ponto possui existência social, é preciso estender as análises para uma dimensão mais ampla das interações realizadas com os demais atores sociais que participam da trajetória dos entrevistados. Esse será o tema do próximo capítulo.

6. O CARÁTER COLETIVO DA IDENTIDADE DOS JORNALISTAS-INTELECTUAIS: REPUTAÇÃO E PRÁTICAS SOCIAIS

A identidade, como explica Anselm Strauss (1992), pode ser vista como um conjunto de espelhos que refletem diferentes faces. Apesar de haver uma estabilidade na forma como a pessoa se vê, a cada momento, a cada situação, dependendo do interlocutor, estamos expondo uma nova face de nós mesmos, que é reavaliada nessa relação com o outro. Por isso, o grau de compreensão do pesquisador sobre o estatuto social do entrevistado se torna mais sólido quanto maior for o número de referências que o entrevistado faz sobre outros atores que participam do processo de construção da sua identidade.

Sem negligenciar as conclusões estabelecidas no capítulo anterior, tentaremos estender nossa análise ao processo de construção da identidade dos entrevistados aos atores que cooperam e participam da sua trajetória e do seu cotidiano. Para isso, faremos uso dos conceitos desenvolvidos por Howard Becker (1982) na obra *Art worlds* como ponto de partida para a análise das interações que acontecem em uma dimensão mais ampla. Trabalharemos aqui o processo no qual as interações que os entrevistados empreendem com os diferentes atores que integram as redes de cooperação do mundo dos jornalistas delimitam as escolhas que eles realizam no decorrer das suas carreiras profissionais e a construção de sua reputação como jornalistas, escritores, professores ou intelectuais. Ocasionalmente, abordaremos a maneira como certas interações podem ser tipificadas por meio de papéis sociais.

Jornalistas, fontes, público e patrões

Examinaremos, a seguir, o modo como os indivíduos que desempenham os papéis de jornalistas, fontes, público e patrões participam das escolhas e da construção da reputação dos entrevistados. A opção por analisar tais papéis sociais justifica-se pela importância dada a eles pelos estudos sobre o *newsmaking* e pela sociologia dos jornalistas. Eles estariam diretamente envolvidos também na produção noticiosa e desempenhariam um papel importante na trajetória dos entrevistados.

Os pares jornalistas

Os pares são fundamentais no processo de construção da identidade do jornalista. É por meio do contato com outros profissionais que se é iniciado no mundo social, adquirindo um conjunto de convenções fundamentais à prática jornalística. É também a partir dessa convivência que o jornalista aprende, por imersão, os ritmos da profissão e também todo um *modus operandi* nem sempre codificado nos manuais de redação ou na formação adquirida nos cursos universitários. "A existência de um modo de ver (a estética jornalística), de um modo de falar (*o jornalês*) e de um modo de agir (a epistemologia jornalística) estabelece um elo de ligação bastante forte entre os membros da tribo jornalística" (Traquina, 2001, p. 122).

Nas relações com os pares é possível trabalhar um aspecto distinto da construção das identidades dos entrevistados. Se o relato sobre as carreiras profissionais mostra como o ator organiza sua história de vida a partir de experiências individuais, é mediante as interações com os colegas que é possível entender como certas produções remetem ao caráter coletivo das negociações realizadas no interior do mundo social. Ao narrar sua trajetória, os entrevistados podem descrever certas experiências em termos do que fizeram, dirigiram, participaram... Contudo, essas iniciativas são também resultado de interações com os colegas da redação e a reputação adquirida por eles é, em parte, compartilhada por outros jornalistas.

É por meio dos pares que se articulam as principais vias institucionais de ascensão e de mudança do *status* organizado no interior do mundo dos jornalistas. Tal processo muitas vezes acontece por meio de interações informais entre as pessoas. É comum em entrevistas e em depoimentos que o jornalista descreva suas promoções e mudanças a partir dos convites que recebeu de algum amigo ou conhecido. "Fulano me levou para o jornal X", "fui parar na tevê a convite de Sicrano." Além disso, ao participar da construção e das transformações das bases convencionais do mundo social, os pares jornalistas delimitam, ainda que parcialmente, as condições e os critérios para se definir quando uma carreira pode ser considerada como bem-sucedida, desviante, decadente...

Antes de trabalharmos as questões da reputação e das escolhas nas carreiras profissionais, faremos uma breve descrição de alguns papéis sociais desempenhados pelos entrevistados nas interações com os colegas de redação.

Formas de cooperação no mundo social: os papéis de mestres, discípulos e companheiros

No decorrer de suas trajetórias, as pessoas orientam suas ações por intermédio de relações concretas com seus contemporâneos. Esse processo varia dependendo do grau de anonimato dessas relações. Elas podem fazer referências a categorias e conceitos abstratos, como o jornalismo, os jornalistas, os intelectuais, e orientar suas escolhas a partir dessas idealizações. Mas também interagem com pessoas mais próximas, quando o grau de anonimato é menor, chegando, inclusive a descrições subjetivas de relações de amizade. Trabalharemos essa segunda dimensão a seguir, sistematizando interações que os entrevistados realizam com outros jornalistas por meio dos papéis sociais de mestres, discípulos e companheiros.

Mestres

Como a maioria dos entrevistados possui uma trajetória relativamente longa, é natural que em certos momentos das suas carreiras tenham ocupado cargos e chefias no jornalismo. De fato, a única exceção foi Antônio Hohlfeldt, que nunca dirigiu equipes em sua vida profissional. Desse grupo, alguns tiveram atuação menos destacada como chefes. Outros, como Alberto Dines (*Visão, Diário da Noite* e principalmente o *Jornal do Brasil*), Mino Carta (*Veja, IstoÉ, Jornal da República, Senhor, IstoÉ Senhor* e *Carta Capital*) e Raimundo Pereira (*Amanhã, Opinião, Movimento, Veja, Retrato do Brasil* e Oficina de Informações), se consagraram pela direção de veículos impressos[12].

A reputação de um chefe se deve ao sucesso de público do jornal que ele dirige, mas também das relações que ele estabelece com a equipe. Percebemos, nesse caso, que alguns entrevistados acabavam desempenhando o papel de "mestres" para outros jornalistas. Essa situação fica evidente não só nas falas dos jornalistas-intelectuais, mas na forma como outros atores (discípulos, amigos e mesmo desafetos) fazem referência ao comportamento dos seus ex-chefes.

Durante a entrevista, Alberto Dines comparou sua atuação na direção do *Jornal do Brasil* a uma orquestra, na qual ele, o regente, era responsável pela organização do produto final. "Eu fiz pouca coisa no *JB*, proporcionalmente ao período que eu trabalhei lá, eu produzi acho que pouca escrita porque realmente era um trabalho muito intenso de criação, de condução, de ensaios, de regência." Além das inovações "beletrísticas" que introduziu, Dines deu uma atenção especial às áreas de cultura, abrindo espaço no *JB* para os movimentos do cinema novo e do concretismo no Brasil. Cinéfilo, chegou a ter dez críticos trabalhando sob sua direção.

Dentre os contemporâneos do *Jornal do Brasil*, Dines ainda é visto como um chefe que valorizou o trabalho do repórter e se preocupou com a organização da produção em um momento em que as redações eram caóticas.

---

12 A maneira inovadora como Dines conduziu o *Jornal do Brasil* e Mino Carta a revista *Veja* justificou, por exemplo, a inclusão de seus depoimentos no livro *Eles mudaram a história da imprensa*, organizado por Abreu, Lattman-Weltman e Rocha. Já Raimundo Pereira ficou conhecido pela direção de *Opinião* e *Movimento*, periódicos que marcaram a imprensa alternativa no Brasil durante a ditadura. Ver Kucinski, 2003.

Era ótimo ambiente de trabalho na Avenida Rio Branco, 110. Dines promovia seminários internos de avaliação, convidava conferencistas de fora, discutia o futuro do jornalismo. Mais importante do que isso, porém, era o incentivo que ele nos dava. Dines estava sempre presente na redação, andava de mesa em mesa, discutia as matérias com os repórteres. (Mayrink, 1992, p. 184)

O próprio Alberto Dines afirmou-nos: "Eu sempre me preocupei com a administração. Não tenho nenhum curso, nenhuma formação em administrador, mas achava que, se você consegue criar uma máquina bem azeitada, ela rende mais, o desgaste é menor".

Por iniciar a carreira como biógrafo ainda no início da década de 1980, Dines é visto como referência sobre o tema e, segundo ele, chegou a ser procurado por Fernando Morais e Ruy Castro, considerados hoje como os expoentes da área, para discutir o gênero biográfico:

O Fernando Morais estava escrevendo *Olga* e não tinha pensado numa biografia. Queria que eu discorresse sobre o que distingue uma biografia. Mas *Olga* não é uma biografia, é uma montagem, um flagrante [...]. O Ruy Castro, outro que me procurou muito tempo depois para discutir sobre isso; ele, do ponto de vista técnico, faz biografias.

O papel de mestre também é atribuído a Zuenir Ventura. Artur Xexéo (*apud Jornal do Brasil*, 1988), que trabalhou com Zuenir nas revistas *Veja*, *IstoÉ* e *Domingo*, compara seu ex-chefe a um "vampiro da juventude":

Uma das maiores virtudes profissionais de Zuenir é se cercar de jovens inteligentes, entusiastas, bem informados, e deles extrair o que têm de melhor. Em troca dessa vampirização, ele valoriza o talento. Ao seu lado, um bom repórter cresce queimando etapas.

Um apelido que Zuenir Ventura recebeu dos mais jovens – aproveitando-se, inclusive, do seu estatuto de professor – foi o de "Mestre Zu".

A reputação de Mino Carta como chefe se fundamenta na sua versatilidade, no domínio que possui das diferentes fases da produção jornalística, como atesta Carmo Chagas (1992, p. 82): "Não conheci, em nenhuma outra redação, jornalista tão completo, tão talentoso. Um dos textos mais elogiados que assinei foi, na verdade, inteiramente remontado por ele". O seu desafeto, José Carlos Bardawil (1999, p. 194), corrobora:

O Mino não é o melhor redator que eu já vi. [...] Muito menos ele é o melhor repórter. [...] Também não é o melhor paginador ou desenhista de revista. [...] Mas o

Mino junta tudo isso. [...] Ele é muito versátil como jornalista. E isso dá a ele facilidade na chefia.

O próprio Mino (em terceira pessoa) admite no romance *O castelo de âmbar* (Carta, 2000, p. 162) suas qualidades como chefe:

Tinha dotes para a chefia e encontrou quem o ajudasse a conduzir a revista, sem esquecer jamais de valorizar os colaboradores mais próximos, ou componentes do pequeno grupo que, em todas as redações, mesmo as mais apinhadas "carrega e toca o piano". Esta era uma de suas frases.

Mino é considerado um bom chefe, mas também um professor de qualidade, outra característica que pode ser atribuída ao papel de mestre.

Preocupava-se em ensinar. Dizia aos jornalistas que a língua portuguesa tinha mais de cinquenta palavras e todas poderiam ser usadas. Que não se deve escrever sobre o que não se entende porque o leitor também não entenderá. Incentivava colegas a ler livros, a ir ao cinema e ao teatro, a ver quadros – a aprender, a melhorar. (Conti, 1999, p. 368)

"'Se damos nota 10 para um cantor como o Roberto Carlos, que nota daremos ao ouvirmos um Caruso? Mais que exigente, o jornalista precisa ser criterioso ao noticiar, ao analisar', insistia Mino" (Chagas, Carmo, 1992, p. 57).

A influência de Mino Carta ultrapassa a questão da prática profissional, ele é reconhecido também pelos hábitos, pelo modo de vestir, de falar etc.

Todo mundo passa a admirá-lo. Todo mundo o acha brilhante. Ele é uma das pessoas, que eu vi na minha vida, que melhor fala. Fala com muita facilidade, fala sempre certo, não erra frase, não usa uma palavra errada. Um cara fino até para falar. Tudo isso junto e numa pessoa, é claro que causa admiração. (Bardawil, 1999, p. 194)

Carta era diferente do jornalista brasileiro típico. Tinha apuro estético, vestia-se com elegância, falava com clareza e humor. Seu controle da redação era absoluto. Os jornalistas de quem ficava amigo confiavam nele cegamente. Era o mais velho e o mais culto. (Conti, 1999, p. 368)

Nem sempre a relação entre o mestre e o discípulo resulta em declarações laudatórias. José Carlos Bardawil, que foi repórter de *Veja*, *IstoÉ*, *Senhor*, *Jornal da República*, todos sob a direção de Mino Carta, descreve seu ex-chefe como alguém com temperamento ditatorial, dado a eventuais ironias contra integrantes da sua equipe. Bernardo Kucinski (2003), que trabalhou com Raimundo Pereira nos jornais *Opinião* e *Movimento*, qualifica-o como intransigente e autoritário em certos trechos do seu livro *Jornalistas e revolucionários: nos tempos da imprensa alternativa*.

Para a construção da reputação de um indivíduo no mundo social, o estatuto de chefe é, sem dúvida, importante. Ele está associado à ideia de sucesso na carreira profissional e também à capacidade do indivíduo em influir nos rumos da equipe, da publicação que dirige e, de certa forma, no próprio jornalismo. Para aqueles que, além disso, desempenham o papel de mestres, é possível associá-lo a uma legitimidade adquirida pelo domínio das convenções do mundo social que lhes possibilita passá-las adiante e, em determinados casos, subvertê-las. Alguns chefes, como Alberto Dines e Mino Carta, conseguem ter uma atuação tão notável que o sucesso do veículo – resultado de uma produção coletiva – passa a ser associado à sua reputação pessoal, sendo associado à imagem de "bom jornalista" ou de "bom fazedor de jornal".

Discípulos e companheiros

Além de desempenhar o papel de mestres, alguns entrevistados estabeleceram relações de admiração e amizade com jornalistas da sua geração. Ao se fazerem discípulos, esses indivíduos explicitam as formas de aquisição das convenções ligadas à suas práticas profissionais por aprendizado junto a alguém mais experiente. Eles também buscam associar seu estatuto à reputação das pessoas nas quais se espelham. O mesmo pode ser dito, em menor grau, àqueles que se portam como companheiros dos profissionais que partilham de uma mesma sociabilidade ou que possuem características comuns à sua geração.

Dentre os jornalistas que atuaram na cobertura política, o colunista Carlos Castello Branco é apontado como referência na área. Para Carlos Chagas, o "Castellinho" teria sido "o papa de todos nós da reportagem política". Flávio Tavares explica que ele foi "o grande jornalista político, uma espécie de modelo estilístico para todos nós".

Alberto Dines também faz referência a alguns profissionais que lhe serviram como modelo. Ele cita jornalistas e escritores que trabalhavam como editorialistas do *Jornal do Brasil* como fonte de inspiração para o estilo de texto que adotou mais tarde, quando se tornou colunista da *Folha de S.Paulo*:

> Eu fui ouvindo a música literária de uma peça jornalística. E quando fiquei com essa tarefa inédita de ter que escrever um artigo diário, todos os dias, eu procurei dar esse tom. E eu tenho certeza de que consegui. [...] É que eu lia, escrevia, lia, reescrevia, para criar uma coisa sonora, ritmada, com força.

Formado em Letras Neolatinas, Zuenir Ventura ingressou no *Tribuna da Imprensa*, seu primeiro emprego em jornal, sem formação na área, nem a intenção de seguir carreira. Por isso, destaca a importância dos colegas na transmissão das convenções, que vão desde o aprendizado de técnicas, à descoberta da vocação que, segundo ele, foi adquirida como se fosse um "vírus" (Ventura, 2005). "Lá dentro da *Tribuna da Imprensa* foram importantes também na minha descoberta e no desenvolvimento da minha carreira pessoas como o Luís Garcia, o Luís Lobo, o Lúcio Nunes, o Mário Franqueira, o Walter Conto. O Nilson Viana foi uma pessoa fundamental porque era uma pessoa que nessa época tinha um texto muito bom."

No caso das relações de companheirismo e amizade, o processo é semelhante, embora não esteja necessariamente estruturado em papéis sociais. Nessas relações, as convenções são frequentemente compartilhadas e não transmitidas. Por isso, a participação no processo de construção identitária é mais sutil do que nos casos em que existe referência direta às influências recebidas de jornalistas-mestres. Podemos dizer que esse processo, na verdade, transparece no material coletado por meio da existência de certos valores e normas de conduta comuns a uma geração, como ilustram as relações de Mino Carta com o jornalista Cláudio Abramo, quando Carta declara em entrevista a Vitor Sznejder (2003, p. 211):

> Eu sou de uma geração de jornalistas, cito entre eles, Cláudio Abramo, por exemplo, que buscavam elevar por cima. Cláudio não foi importante só para o *Estado* [*de S. Paulo*]. Ele era um bom jornalista. Nossas ideias não batiam exatamente, mas acho que ele tinha uma visão do jornalismo muito próxima da que eu tenho. Politicamente, Cláudio era trotskista, e eu sou gramsciano [...]. Nos dávamos muitíssimo bem em tudo, mas quando discutíamos política não nos encontrávamos.

Além de Mino, outros autores falaram de modo mais breve dos companheiros de profissão e da maneira como essas amizades explicam certos valores comuns. Assim, Alberto Dines comenta sobre o colega Paulo Francis e o fato de os dois terem partilhado de uma formação cultural comum. Raimundo Pereira, por sua vez, contou como o trabalho que ele realiza atualmente em parceria com a *Carta Capital* é uma continuação do movimento de fortalecimento da imprensa independente do qual participam, desde a década de 1980, figuras como Luiz Gonzaga Belluzzo, Nirlando Beirão e o próprio Mino Carta.

Os pares: reputação e escolhas

É difícil, para um entrevistado, reconhecer o papel de seus pares no processo de atribuição da sua notoriedade. Em geral, eles a remetem às suas realizações pessoais e à maneira como essas produções se identificam com uma definição ideal de jornalismo. As análises de Howard Becker (1982) sobre o mundo da arte chegam à mesma conclusão. Segundo ele, existe a tendência de avaliar a reputação dos artistas a partir da posse de um talento, um dom, ignorando as dimensões concretas das interações entre os membros. O problema é que o talento só existe socialmente quando é reconhecido pelos pares e é avaliado a partir das convenções criadas por eles no âmbito do mundo social.

Sem dúvida, boa parte da reputação de Alberto Dines, Mino Carta e Raimundo Pereira como bons fazedores de jornal surge da interação com sua equipe, mas também das notícias que circulam informalmente no meio jornalístico sobre o seu comportamento e a sua competência. Mayrink (1992, p. 177) explica que, para os jovens jornalistas, nos anos 1960-1970, trabalhar com Dines no *Jornal do Brasil* era considerada uma meta profissional: "A frase era lugar comum, mas naquela época a gente acreditava que trabalhar no *JB* era viver um estado de espírito. Tínhamos certeza de que fazíamos o melhor jornal do país e nos orgulhávamos disso". Da mesma forma, tende-se a associar, dentro do meio jornalístico, o nome de Raimundo Pereira à imprensa alternativa e o de Mino Carta ao jornalismo crítico e à criação e direção de quase todas as revistas semanais de informação no Brasil.

Dos entrevistados, quem assumiu mais explicitamente a importância dos colegas na construção da sua reputação foi Adísia Sá:

ADÍSIA SÁ Hoje, quase todos os professores foram meus alunos. Eu digo que já tenho quase que bisnetos dos meus alunos no curso de jornalismo.

FÁBIO PEREIRA Eu não encontrei nenhuma outra mulher da sua geração que tenha esse perfil intelectual. Por que isso?

ADÍSIA SÁ Talvez eu tenha ficado mais em evidência, primeiro porque continuei o trabalho, tenho 52 anos de profissão. Entrei numa carreira e formei uma geração, que não me deixa solta, estou sempre na mídia por causa deles. Acho que é por isso que eu sou mais lembrada. Não quer dizer que eu tenha algo excepcional que as outras mulheres jornalistas e intelectuais não tiveram. Pelo contrário, elas não tiveram foi quem desse continuidade e visibilidade a isso. Isso é o que eu lamento.

A partir da interação com seus pares, um jornalista pode ser também mal visto ou ser marginalizado por determinados grupos. Carlos Chagas fala do período em que trabalhou como assessor de imprensa do general-presidente Artur da Costa e Silva. Chagas justifica a decisão e conta que havia, na verdade, um projeto do governo para revogar o Ato Institucional nº 5 (AI-5) e redemocratizar o regime político brasileiro. Mesmo assim, sua escolha incomodou vários colegas: "Todo mundo me olhava pelas costas e dizia: 'Ah, vai trabalhar com os militares'. A humanidade é má, intrinsecamente má". Além disso, a reputação de Chagas como jornalista político ficou comprometida meses mais tarde, com a morte do presidente que o convidou e a tomada do poder por uma junta militar, que decidiu abortar o projeto de abertura do regime.

Já Alberto Dines (*apud* Abreu e Lattman-Weltman, 2003, p. 138) afirma que sua reputação perante parte dos jornalistas também fora prejudicada devido à coluna "O Jornal dos Jornais", publicada na *Folha de S.Paulo*, no final dos anos 1970. Naquele espaço, Dines se propunha a discutir a imprensa no Brasil. Por ter questionado práticas de autocensura no período final da ditadura, ele acabou atraindo inimizades que o levaram a uma relativa exclusão do meio profissional. "Mexi nos deméritos da imprensa, numa fase mais desagradável, em que praticamente todos estavam sob o regime de autocensura, e criei várias inimizades. Meu nome ficou numa lista negra mesmo. *Persona non grata.*"

A ação dos pares na trajetória de um membro de um mundo social não se limita à atribuição da sua reputação. Influi também nas escolhas que ele realiza. Algumas delas resultam na adoção ou subversão das formas de atuar como jornalistas. Em suas narrativas, alguns entrevistados explicam como as ações realizadas no decorrer de suas histórias de vida tiveram como referência os colegas jornalistas. Carlos Chagas, por exemplo, conta que seu primeiro livro, *113 dias de angústia: impedimento e morte de um presidente*, era uma reunião dos artigos publicados em *O Globo*, nos quais ele contava sua experiência como assessor de imprensa de Costa e Silva e os bastidores da sucessão do general-presidente, impossibilitado de continuar no cargo por causa de um derrame. Os textos visavam justamente reverter sua imagem junto aos jornalistas, prejudicada nesse episódio:

> O Costa e Silva morreu e eu digo: "Meu Deus do céu, a *minha imagem de jornalista está pior que circo*. Ia ser o porta-voz da abertura e acabei sendo o porta-voz daquele horror que aconteceu. *Eu vou escrever isso tudo*". [...] E fiz uma série de 22 artigos, de página inteira cada artigo, contando aquilo tudo. Chamava-se "113 dias de angústia". [...]. Ganhei o Prêmio Esso de Jornalismo [Grifo nosso].

Mino Carta afirmou que publicou seu primeiro romance, *O castelo de âmbar*, em 2000, em resposta ao livro *Notícias do planalto*, escrito pelo jornalista Mário Sérgio Conti. Existe uma disputa que aparentemente parece banal nesse episódio, mas está ligada à construção da reputação de Mino Carta. Em seu livro, Conti (1999) afirma que Carta fora demitido da revista *Veja* em 1975, enquanto Carta mantém a versão de que teria sido ele quem pediu demissão. Ou seja, a decisão de escrever uma obra literária não partiu, nesse caso, de idealismo ou de inspiração repentina; tratou-se de uma resposta dirigida a outra pessoa, dentro de um contexto específico.

Se nos aprofundarmos nessa interação, podemos inclusive notar que a maneira como Mino Carta trata seu interlocutor remete ao processo de elaboração de seu *O castelo de âmbar* – e ao *status* atribuído à obra (Carta, 2000). Carta (*apud* Sandes, 2000), na verdade, deixa claro que um livro ruim como *Notícias do planalto* não deveria merecer, de sua parte, nada muito sofisticado como resposta e, em entrevista ao *Diário do Nordeste*, diz:

> Tinha saído um livro que eu considero ridículo, que se chama *Notícias do planalto*, que naturalmente foi badaladíssimo pela nossa imprensa [...] e defende gloriosamente a tese de que o Collor foi uma criação dos jornalistas. O Collor foi uma criação dos patrões, os jornalistas executaram o serviço sujo, só isso. Mas, enfim, eu escrevi [ri] uma história maluca, aparentemente maluca, na verdade não é, mas aparentemente louca para a minha satisfação. O livro teve muito resultado, melhor, eu devo dizer, que o *Notícias do planalto*. Porque não somente entrou na lista dos mais vendidos, mas vendeu perto de 20 mil exemplares. (Entrevista ao autor)

> [Sobre a possibilidade de *O castelo de âmbar* ser considerado como o seu livro de memórias]: Não me considero à altura de escrever memórias. Sou um personagem menor. Escrever um livro de memórias seria algo pretensioso [...]. Escrevi este romance em quatro meses. Escrevia, sempre, à noite. (Carta, 2000a, p.1-2)

As fontes de informação

Nos estudos sobre jornalismo, a análise das relações com as fontes vem ganhando destaque nos últimos anos com a publicação de trabalhos que questionam a ênfase excessiva dos estudos centrados apenas nos jornalistas. Eles sugerem uma mudança de paradigma que busque revalorizar outros atores envolvidos no processo de produção da notícia. A análise das fontes de informação permite compreender o processo de produção de notícias e as estratégias editoriais adotadas pelos veículos e jornalistas. Do ponto de vista da sociologia profissional, Denis Ruellan (2006) tem alertado para a necessidade de se sair também do discurso do profissionalismo (emitido por e sobre os jornalistas), passando-se a integrar outros atores, sobretudo as fontes e o público, nos processos de atribuição identitária dos jornalistas. É o que faremos a seguir.

Fontes: cooperação, reputação e escolhas

Ao analisarmos as entrevistas e documentos coletados, foram encontradas poucas referências sobre as interações dos jornalistas-intelectuais com suas fontes. Contudo, é inegável o papel delas na produção noticiosa e na construção de reputação no meio jornalístico. Boas fontes rendem boas matérias. Boas matérias permitem que o jornalista adquira prestígio junto aos pares e ao público.

Alberto Dines, por exemplo, atribui parte do sucesso da biografia *Morte no paraíso* ao fato de Abraão Cougar, único editor de Stephan Zweig no Brasil, ter-lhe dado acesso aos seus arquivos sobre o escritor austríaco. As informações, inéditas ao público e aos demais estudiosos da vida de Zweig, resultaram, segundo ele, no diferencial do seu trabalho. Da mesma forma, embora o sucesso editorial de *1968: o ano que não terminou* possa ser atribuído à escolha do tema e à qualidade do texto de Zuenir Ventura, existiu também uma apuração bem feita junto a fontes importantes: foram 300 entrevistas realizadas com intelectuais, artistas, políticos etc.

Não é apenas no produto final que é possível aferir o papel das fontes na atribuição da reputação dos entrevistados. Em certos casos, o simples fato de ter acesso a uma fonte importante ou reclusa, quando tornado público, possibilita ao jornalista adquirir legitimidade e reconhecimento social e profissional. Ser escolhido por uma boa fonte permite ao repórter ser visto como alguém competente, confiável ou bem articulado. Não é por acaso que as fontes são personagens importantes nas memórias jornalísticas dos entrevistados. Figuras políticas marcam, por exemplo, *O dia em que Getúlio matou Allende*, de Flávio Tavares (2004), e *O castelo de âmbar*, de Mino Carta. Relações com fontes no meio intelectual e cultural marcam a biografia de Juremir Machado da Silva e Zuenir Ventura. Este último, aliás, faz um relato interessante de uma entrevista com Carlos Drummond de Andrade para a revista *Veja*. Na narrativa, Zuenir deixa implícito que o fato de ter conseguido chegar a uma fonte notória e inacessível como Drummond – mesmo que por acaso – contribuiu para a sua reputação como jornalista da área cultural:

> A história desse trabalho, cujo mérito não é meu, mas da sorte, continua um mistério para mim. Ao completar 75 anos, o poeta resistira bravamente a um cerco implacável da imprensa e agora, três anos depois, mandava um recado pela divulgadora da editora José Olympio dizendo que queria me dar sua primeira grande entrevista. Por quê? [...] Ao chegar, Drummond estava lá, tímido, todo sem jeito, mais que eu, desculpando-se, imaginem, por ter me chamado para anunciar que gostaria de dar uma entrevista, evidentemente se eu quisesse. Não sei o porquê – nem ali, nem depois, nem jamais – daquela surpreendente decisão. (Ventura, 2005, p. 226)

A interação com as fontes também pode ser usada para que um jornalista associe à sua reputação valores profissionais e atributos, importantes na construção da sua reputação. Em *O castelo de âmbar*, Mino Carta (2000, p. 197) cita o discurso em que o ex-presidente João Baptista Figueiredo enfatiza sua imagem de jornalista crítico e independente: "Mino é um chato, um criador de casos, com aquele viés de questionar tudo. Algum dia, ele vai querer fazer a revisão do Evangelho. Mas não ficou com o rabo preso". Em outra situação, ao fazer referência às conversas que mantinha com o general Golbery de Couto e Silva – o grande teórico do regime de 1964 e sua principal fonte política nesse período –, Mino Carta (*apud* Abreu e Lattman-Weltman, 2003, p. 200) explica como suas relações com essa fonte não se limitavam às convenções institucionalizadas pelos papéis sociais, mas abordavam também assuntos ligados a outras esferas de interesse dos dois, mais próximas do aspecto intelectual da identidade do jornalista:

> Às vezes você não procura a fonte simplesmente porque ela tem boas informações. Devo dizer que uma razão muito forte para eu procurar uma fonte é porque ela me ajuda a pensar. [...] Além de ser uma pessoa que tinha as informações mais *up-to-date* sobre os movimentos do regime militar, Golbery era também uma pessoa muito inteligente, que me ajudava a raciocinar. Era excelente conhecedor do Brasil e do gênero humano nativo.

As fontes participam ainda das escolhas realizadas pelos entrevistados no âmbito das suas trajetórias. Em seu depoimento, Flávio Tavares fala da relação com o político trabalhista Leonel Brizola, iniciada no período em que era repórter do *Última Hora* de Porto Alegre e cobria o Palácio Piratini. Na época, Brizola era governador do Rio Grande do Sul. A amizade entre os dois acabou influenciando na decisão de Tavares de ingressar em um movimento guerrilheiro liderado por Brizola e que fazia resistência ao regime militar: "No dia a dia com o Brizola, acabamos tendo uma relação muito íntima, que depois continuou durante a ditadura militar, nós participamos juntos da luta armada. Continuou até o fim da vida dele".

Brizola também foi importante na história de vida de Carlos Chagas. Segundo ele, sua admiração pelo líder trabalhista começou em 1961, na militância brizolista pela posse do presidente João Goulart. Essa relação resultou na filiação de Chagas ao PDT – embora ele afirme que nunca tenha realmente militado – e explica também o posicionamento político do entrevistado:

> O fato é que eu me identifiquei muito com o programa nacionalista do Brizola. Nunca acreditei nessa globalização fajuta, nesse neoliberalismo, o sistema de "cada um por si". Modestamente, sempre fui contra isso. Por isso me identifiquei com a pessoa do Leonel Brizola. (*apud* Castro, 2006)

O público

Uma terceira categoria que participa ativamente da atividade jornalística é o público. Diferente dos pares e das fontes, o público dificilmente pode ser delimitado como grupo social.

O público não existe, ele é múltiplo assim como são os objetivos a partir do qual se pretende alcançá-lo (neste caso, os produtos midiáticos) e ele é polimorfo (os leitores de um jornal não constituem uma unidade, mas um agrupado do qual é difícil extrair irregularidades). (Ruellan, 2006, p. 5)

Na verdade, os jornalistas negociam suas identidades e práticas a partir de tipificações que fazem do seu leitor. Como emissores, eles partilham de certas representações da audiência que lhes permitem se legitimar socialmente (como defensores do "interesse público"), além de fundamentar sua rotina produtiva no que imaginam ser as expectativas dessa audiência. Trabalharemos um pouco com o modo como essas representações do público participam do mundo dos jornalistas.

Formas de cooperação do público no mundo social

Mesmo que seja definido a partir de tipificações, o público integra as redes de cooperação do mundo social, influenciando nas escolhas realizadas pelos produtores. Dentro de uma redação, ele pode ser evocado nos processos decisórios ou durante as negociações com as equipes, a fim de eliminar os conflitos de interesse em uma redação, "porque, se o efeito da rotina de trabalho jornalístico torna raros os momentos de questionamento, a definição do que interessa ao receptor e a maneira de se dirigir a ele está sempre sujeita a eliminar os conflitos de interesse" (Ruellan, 2006, p. 7). Além disso, não se pode ignorar que, ao desempenhar um papel social, a audiência também interioriza parte das convenções da atividade jornalística: os gêneros redacionais, o *design* e a linha editorial de um veículo, o estilo de texto do profissional (em uma matéria, crônica ou mesmo em um romance). Por isso, mesmo que de forma indireta, as modificações na base convencional do mundo dos jornalistas devem sempre ser negociadas com o leitor. Veremos isso com mais detalhes no capítulo seguinte.

Ainda segundo Denis Ruellan (2006), existem duas instâncias de participação do público no mundo dos jornalistas. A primeira acontece no âmbito dos produtos editoriais, em que o emissor orienta sua produção pela representação que faz da audiência. A segunda, nos espaços institucionais de troca entre esses atores, como as cartas e *e-mails* do leitor, os fóruns de debate na internet, as pesquisas de opinião, a coluna do *ombudsman*, a participação em debates, as palestras, os seminários, o contato face a face etc.

Para abordar a primeira instância podemos citar o caso de Juremir Machado da Silva. Ele explica como o público integra as escolhas que realiza na produção de suas crônicas. Quando perguntamos sobre sua preocupação em adaptar teorias de filósofos e sociólogos para o cotidiano dos seus leitores, Juremir conta que sempre orienta os assuntos abordados tendo como referência o tipo de público que ele quer atingir:

> De vez em quando tenho que escolher. "Hoje, vamos fazer um texto que não é para todo o mundo. Vou fazer um texto hoje sobre o Michel Maffesoli." Eu sei que a maioria do público leitor vai ficar excluída. Vai ser focalizado para um determinado público e fazer o quê? Assim como tem outros dias em que eu escrevo sobre futebol. E aí, eu ganho um grande público, mas perco também um público, claro. "Esse cara aí está escrevendo sobre futebol hoje, eu gosto quando ele escreve sobre o Michel Maffesoli." São escolhas que a gente faz.

Embora pareça contraditório, muitas vezes o fato de decidir por não condicionar sua produção de acordo com as exigências da audiência pode remeter a uma forma sutil de participação do leitor nas escolhas realizadas no mundo social. É o caso de Carlos Heitor Cony; ao dizer que o leitor "não é importante" na sua prática literária, Cony não só reconhece a existência desse público, como se utiliza dele para impor seu estatuto de um escritor que se legitima pela recusa em submeter seu trabalho aos gostos da audiência:

> Tem várias maneiras de você se relacionar com o leitor. No meu caso, por exemplo, eu não dou muita bola para o leitor. No jornal, eu sou obrigado a pensar no leitor, a pensar em quem está lendo. Já o livro é um fato isolado, um veículo isolado. No jornal, colocam você junto com o anúncio de azeite, de farinha. Realmente você tem outro *approach* da sua função. No livro, não. O livro é uma coisa minha, uma coisa visceral, do meu esperma. Então, eu não vou pensar nos leitores. Se os leitores gostam, tudo bem, se compram, eu estou muito satisfeito. Mas não é necessário. Porque os livros não são agradáveis. São agradáveis aos outros, menos a mim. Mas justamente essa taxa de desgosto que eu coloco nos meus livros é que é importante. No dia em que eu escrever um livro que me agrade muito, eu já desconfio. Tem que ser um livro que seja crítico em relação não só à sociedade, mas até mesmo às minhas perspectivas mais caras, religião etc. Então, é essa atitude do "eu sozinho". Se o leitor ler, muito bem, eu estou satisfeito. Esse livro meu, o *Quase memória*, está na 27ª edição. Eu tenho um livrinho infantojuvenil que está na 29ª edição e é muito usado em escolas. Mas é problema deles. Já os livros que eu mais gosto, os mais característicos, praticamente vendem pouco. O livro que eu mais gosto evidentemente é o *Pilatos*, que é um livro que está na 5ª edição, mas é um livro radical, pornográfico.

Carlos Heitor Cony e Juremir Machado da Silva também explicitaram em seus depoimentos situações em que a percepção do público é construída a partir das manifestações expressas nos espaços institucionais de participação do leitor. Cony comentou as interações que realiza com o público por meio de *e-mails* e palestras. Outra maneira, segundo ele, de conhecer o seu leitor é por meio das pesquisas de opinião realizadas pela *Folha de S.Paulo* com o público das suas crônicas. Nesse caso, mesmo que a audiência continue sendo apreendida de forma indireta, tipificada, ela participa da inserção de Cony no mundo social ao definir, por exemplo, a sua permanência no jornal:

> A *Folha* sabe quantos leitores me leem, quantos leem o José Simão, quantos leem o Clóvis Rossi, quantos leem a Danuza [Leão]. [...] No dia em que o nível cair muito, eles acabam decidindo: "Vamos reformar tudo". Eu estou no mercado até hoje [risos], mas se não me lerem, eu vou para casa! [...] O donos dos jornais, aqueles que me pagam, que gastam espaço comigo, querem saber o que eu estou fazendo. Se não fizer, não sou atrativo para eles.

Já Juremir Machado da Silva nos explica como as reações que recebe do público via *e-mail* ajudam-no a definir o grau de superficialidade/profundidade de suas crônicas:

> Eu procuro escrever o que eu gosto. Mas eu sei que existe um contexto, uma situação concreta. Quando as pessoas começam a me mandar *e-mails* dizendo: "Você está muito intelectual. Você está muito abstrato! Você está muito restrito!", eu dou uma parada e vou atender os outros. E existem os casos contrários: "Pô, faz uma semana que você só fala de futebol!" Aí eu penso: "Quem sabe não é o momento de focalizar mais?"

Tais instâncias de participação do público no mundo dos jornalistas ajudam a explicar como Cony e Juremir definem e orientam suas práticas a partir do modo como antecipam as motivações do leitor e a imagem construída sobre ele. Esse processo possui ainda consequências nas questões relativas à identidade dos entrevistados, pois o público participa dos processos de negociação estatutária e de atribuição de reputação no mundo social. Trataremos disso a seguir.

Público: legitimidade e reputação no mundo social

Durante a análise das entrevistas, percebemos que alguns jornalistas-intelectuais fazem referência ao público nos processos de negociação de estatutos, muitas vezes buscando legitimar as escolhas realizadas nas suas carreiras profissionais. Quando o objetivo é destacar elementos da identidade jornalística, é possível que o entrevistado instrumentalize a audiência como um grupo que legitima o papel social do jornalista-emissor. É o que faz, por exemplo, Alberto Dines

(1986, p. 54): "O jornalista e o leitor são os que melhor se entendem e sintonizam, pois se os primeiros são treinados para sentir as necessidades do último, este foi domesticado para receber aquilo que certamente lhe agradará".

Em outros momentos, um jornalista pode fazer referência ao leitor tendo como base o que seria a verdadeira função do jornalista na sociedade para explicar a adoção de vias alternativas na sua trajetória profissional. Raimundo Pereira adota esse tipo de procedimento quando fala da sua proposta de uma imprensa calcada nos movimentos populares.

Carlos Heitor Cony se utiliza do público para impor o estatuto de escritor. Para isso, ele expressa um sentimento de desapego, quase desprezo, para com a avaliação dos leitores de seus romances. Cony enfatiza bastante essa posição. Se, por um lado, mostra que *Pilatos*, que ele considera seu melhor romance, foi incompreendido ou não aceito pela audiência (incapaz, portanto, de avaliar corretamente uma produção literária de qualidade), ele explica que *Quase memória*, seu maior sucesso junto ao público adulto, está aquém das qualidades que, para ele, definiriam um bom livro:

> Acho que o livro ocupa um lugar muito modesto, inclusive na minha produção. Qualquer pessoa formada em literatura percebe os saltos da narrativa e a oscilação da linguagem. Uso a linguagem chã, a linguagem objetiva da reportagem, a linguagem subjetiva da crônica e até certo ponto a linguagem fantástica do romance. Eu juntei essas três linguagens meio arbitrariamente e deu um todo. Mas eu me sinto como se estivesse vestido com a calça de um terno, o paletó de outro e o sapato de um terceiro. Sinto-me não exatamente apalhaçado, mas arlequinizado. (*apud* Barros e Silva, 1996)

Em Cony, percebemos uma tensão entre o reconhecimento pelo público e a satisfação pessoal. Satisfação que, na verdade, remete a uma dimensão coletiva, porque o que ele interioriza como "bom", "inovador" ou "bem escrito" depende das convenções criadas e negociadas pelos demais membros do meio artístico (os escritores, críticos, teóricos e professores de literatura). De todos os entrevistados, a situação de Cony talvez seja a que melhor corresponda às análises feitas por Pierre Bourdieu (1966; 1992), pois ele opõe, na definição de si, as dicotomias que marcam o campo intelectual ou artístico. Ou seja, Cony se coloca na posição de agente que adquire sua legitimidade por meio do reconhecimento pelos pares, recusando ou desprezando certas obras menores (*Quase memória* e também toda a sua produção jornalística), cuja posição se fundamenta nos valores da audiência e do mercado.

Outro ponto interessante é que, embora Cony se defina como escritor, não há como negar que, para uma parte dos leitores de suas crônicas, ele também é visto como um jornalista. Esse tipo de relação mostra uma dimensão social importante da sua identidade que não pode ser controlada. Por mais que Cony tente dissociar sua imagem do jornalismo podem existir alguns equívocos na forma como essa identidade é apreendida pela audiência e por jovens jornalistas. Nesse caso, o autor de *Quase memória* conta que é obrigado a assumir, para uma parcela dos seus leitores, outro estatuto, o de jornalista e cronista:

CARLOS HEITOR CONY A dicotomia que há, é entre a crônica e o romance. Em geral, quem gosta dos romances, não gosta das crônicas. E vice-versa. Quem gosta do romance não gosta das minhas crônicas.

FÁBIO PEREIRA Acha que existem dois Conys diferentes?

CARLOS HEITOR CONY Não sei. É uma coisa bastante típica. Eu digo isso porque quando eu vou fazer palestras, a gente vê nitidamente essa divisão. Pessoas que me aceitam na crônica e não me aceitam no livro. Acham que eu sou muito pessimista, muito negativista. E as pessoas que não me aceitam na crônica porque acham que a minha crônica – embora às vezes violenta – é conformada, ela é careta.

Situação análoga vive Zuenir Ventura. Embora se defina como jornalista e afirme ter redigido seu primeiro romance por acaso, o entrevistado acabou adquirindo junto ao público a reputação de bom escritor. Isso permitiu, por um lado, seu ingresso na carreira literária e, por outro, obrigou-o a assumir o novo estatuto, de escritor.

O público também participa da construção da reputação de Adísia Sá como uma jornalista e intelectual crítica e combativa. Comentarista de rádio desde 1984, quando começou a trabalhar no programa *Debates do Povo* da Rádio Jornal O Povo AM de Fortaleza, Adísia conta que, sem querer, muda o jeito como se porta diante da audiência quando está no ar: "Houve uma coisa fantástica: quando eu me vi no microfone, eu mudei. Não tinha nada de Adísia, foi outra mulher que apareceu no microfone. Quando eu saía do rádio, eu era eu mesma. Sempre fui muito combativa, muito viva, muito agitada, mas no rádio eu extrapolei, soltei os cachorros". Essa mudança talvez tenha a ver com a relação entre o dispositivo midiático adotado e o modo como Adísia interioriza o público ouvinte – mas isso é apenas uma suposição. De qualquer forma, a atuação no rádio contribui bastante para a construção da reputação da entrevistada. Na biografia que tratou da jornalista e professora cearense, Luísa Amorim (2005) explica que ela ainda hoje é conhecida na rua como "Adísia do Rádio". Conta ainda que o sucesso do programa *Debates do Povo* lhe rendeu convites de partidos políticos para se candidatar à vereadora, deputada e até prefeita de Fortaleza, todos recusados por Adísia.

Os patrões

No mundo social dos jornalistas, os proprietários das empresas de comunicação desfrutam de um estatuto ambíguo. Participam da rede de cooperação, viabilizando a produção do noticiário. Ao mesmo tempo, possuem seus interesses – lucratividade, influência – nem sempre ligados aos ideais da profissão. Frequentemente, os patrões impõem condições para a realização do trabalho nas redações. Observa-se, portanto, um processo de negociação que define a margem de manobra do jornalista no mundo social. Além disso, a partir das relações com os chefes, emergem valores ligados à imagem do jornalista (independência ou subserviência) que ajudam a construir sua reputação no mundo social.

Papéis sociais: mestres e vilões

Nas relações com seus empregados, o proprietário de um jornal pode assumir diferentes papéis sociais. Para alguns, ele pode se portar como um jornalista experiente, que se tornou, mais tarde, o dono da sua própria empresa de comunicação. Nesse caso, desempenha o papel de mestre, ajudando no processo de interiorização das convenções do mundo social. Sem necessariamente atuar de forma coercitiva (como se espera de um patrão), ele ensinaria aos seus empregados/discípulos as normas de conduta necessárias ao exercício da profissão. Citaremos aqui os exemplos de Zuenir Ventura (na época em que trabalhava no *Tribuna da Imprensa*, sob a direção de Carlos Lacerda), Carlos Chagas (sob a chefia de Roberto Marinho em *O Globo*) e Adísia Sá (que trabalhou sob o comando de Olavo Araújo no jornal *Gazeta de Notícias* em Fortaleza):

ZUENIR VENTURA A influência do Carlos Lacerda foi muito forte. Ele foi o meu professor de jornalismo. Eu não tinha faculdade de Jornalismo, fiz faculdade de Letras, ele acabou sendo, na prática, o meu professor. (Entrevista ao autor)

> Aprendi jornalismo diretamente com o Carlos Lacerda, no jornal dele. Ele fechava o jornal de manhã e ia dar aula para a redação: parava tudo e ele comentava o jornal, criticava, ensinava... A redação virava uma sala de aula. (*apud* Horta e Priolli, 1989, p. 6)

CARLOS CHAGAS O Roberto Marinho disse: "Vá trabalhar. E vou lhe dar um conselho: nunca escreva uma matéria e entregue a matéria sem reler antes. Perca dez ou quinze minutos relendo. Você vai ver que vai deixar de cometer uma porção de erros". [...] E eu sigo aquilo até hoje.

ADÍSIA SÁ Meu chefe dizia: "Jornalista quando sai a serviço não fica nem na antessala do governador. Quando a senhora não está no seu trabalho, a senhora não tem nada. Mas, como jornalista, a senhora não espera na antessala". Quando eu saía, eu estava com três metros de altura. Então, ele me passou um orgulho justo pela profissão.

Para outros, o chefe pode assumir o papel de "empresário", "proprietário" ou "dono", no sentido pejorativo dessas palavras. Ou seja, alguém com conhecimento limitado de jornalismo, que usa o veículo em benefício dos seus interesses financeiros e ideológicos, sem respeitar os princípios da profissão. Mino Carta, por exemplo, define os patrões que teve como pessoas prepotentes e incapazes de colocar o projeto de uma imprensa de qualidade acima das suas ambições pessoais. Segundo ele, os proprietários dos veículos de comunicação costumam instrumentalizar os jornais contra os interesses do país sempre que se sentem política e economicamente ameaçados:

> Os patrões estão sempre de um lado só. Normalmente se odeiam entre si – porque eu conheço os patrões e posso afirmar que é assim mesmo –, mas, na hora que eles consideram que um fantasma está surgindo no horizonte, eles se unem contra essa ameaça comum. Isso é inescapável.

É nesses termos, por exemplo, que Mino define em seu livro *O castelo de âmbar* a atuação dos proprietários dos jornais durante a história recente do Brasil – com destaque para a família Civita, dona da Editora Abril: "Os vilões [descritos em seu livro *O castelo de âmbar*] de certa maneira são os patrões da imprensa nativa. Eles trabalham eficazmente a favor do regresso e não do progresso" (Carta, 2000).

Patrões: autonomia e escolhas

Pelo fato de exercer controle das redações, o patrão pode impor, de maneira direta ou indireta, normas de conduta com o objetivo de integrar (ou submeter) o indivíduo ao *modus operandi* da sua empresa. Estudos sobre os processos de socialização no jornalismo descrevem as chefias como pessoas que se utilizam de mecanismos nem sempre evidentes de recompensa/punição, como o uso da autoridade institucional e de sanções. São também responsáveis pela definição de critérios de progressão na carreira profissional; pela imposição de sentimentos de obrigação e estima para com os superiores e de uma "tensão fabricada" com a finalidade de extrair maior produtividade do jornalista (Breed, 1993).

Nesse processo, o patrão participa das atividades do mundo social, delimitando as escolhas que podem ser realizadas pelos jornalistas. Alberto Dines (*apud* Abreu e Lattman-Weltman, 2003, p. 95), por exemplo, quando ocupou um cargo de direção no *Jornal do Brasil*, conhecia o limite de suas atribuições como empregado: "O meu negócio era fazer jornal, porque eu sabia que quem fazia a opinião do jornal era o dono". Da mesma forma, Raimundo Pereira entende que é preciso deixar de lado algumas convicções políticas e ideológicas, baseado nos períodos em que trabalhou para os veículos da imprensa tradicional. Para ele, é uma forma de negociar uma margem de manobra com os patrões e também de garantir o seu emprego: "Eu sou socialista, mas eu não vou fazer matérias, procurar assuntos para fazer propaganda das ideias socialistas num jornal burguês" (*apud* Cunha, 2006).

Parece natural que haja esse tipo de postura se falamos de uma relação socialmente estruturada como a de patrão e empregado. Mas nem sempre esses papéis refletem mecanismos de distinção de classe ou estruturas de dominação. Ao trabalharmos com a noção de mundo social, percebemos que essas relações são apreendidas e negociadas subjetivamente em cada caso. Pode haver variações, por exemplo, na forma como dois jornalistas (Carlos Chagas e Flávio Tavares), trabalhando em um mesmo veículo (*O Estado de S. Paulo*), no mesmo período (final da ditadura, início do processo de democratização), assumem pontos de vista distintos sobre a autonomia que desfrutam na redação:

CARLOS CHAGAS O *Estadão* é o melhor lugar do mundo para você trabalhar quando tem ditadura porque ele te dá toda cobertura. É contra a censura, se você é processado manda advogados para te defender e tudo. Mas, quando acaba a ditadura, o *Estadão* vira apenas um jornal reacionário, conservador.

FLÁVIO TAVARES Minha volta ao *Estadão* foi a coisa mais gratificante que tive porque eu tinha trabalhado no Brasil num jornal [o *Última Hora*] que, em termos políticos, era o oposto do *Estadão*. Fui trabalhar no *Estadão* e foi, de fato, o jornal onde eu tive absoluta liberdade [...]. Lá, sob certos aspectos, tive até mais liberdade, porque era um jornal conservador. Tive liberdade até quando fui editorialista político do *Estadão*.

Uma possível explicação para a relação de Flávio Tavares com a direção do Estadão está na postura adotada pela direção do jornal durante seu sequestro em Montevidéu. Diz Tavares:

Eu morava na Argentina e, em 1977, em uma cobertura que realizei em Montevidéu, fui sequestrado pelo exército uruguaio. Fiquei 28 dias sequestrado, mais cinco meses e meio preso. O *Estadão* se portou com uma dignidade impressionante. Mais que o *Excelsior* do México, o Estadão é que fez a grande campanha internacional que impediu minha morte. Eu ia ser morto porque estava há 28 dias desaparecido. Ele [*Estadão*] forçou a minha libertação, me mandou para Portugal, me conseguiu asilo. O Julinho, o Júlio César Mesquita, que era um menino, filho do Júlio Mesquita Neto, me acompanhou no voo de Montevidéu a Lisboa, para me entregar ao Mário Soares, que era o primeiro-ministro de Portugal.

Sobre esse evento, José Maria Mayrink (1992, p. 223) comenta: "Foi Júlio César, o Julinho, que segurou o jumbo Boing 747 na pista, impedindo que o jato fechasse as portas quando os militares argentinos tentaram sumir com Flávio [...]. Flávio Tavares jamais disfarçou sua gratidão".

Mesmo trabalhando na condição de empregado, um jornalista pode negociar diretamente com o patrão seu grau de autonomia na redação. É o que explica Mino Carta em seu livro, ao falar das regras negociadas com os proprietários da Editora Abril por ocasião do seu ingresso na *Veja*:

> As condições apresentadas ao *chairman of the board* se resumiam assim: a Abril definiria características e objetivos de publicação e Mino a dirigiria se estes não machucassem sua alma e negassem princípios e crenças que ele cultivava. No dia a dia, os Civita não teriam interferência e só poderiam discutir cada edição depois de publicada. (Carta, 2000, p. 175)

Também Raimundo Pereira conta que o seu ingresso como diretor de *Opinião* resultou de uma negociação prévia com Fernando Gasparian, empresário idealizador e financiador do periódico. O interessante, nesse caso, está justamente no fato de que até mesmo a própria percepção da posição social e ideológica do proprietário expressa por Raimundo não impediu que se chegasse a um consenso, que foi efetivado com o surgimento do jornal (embora não necessariamente dentro das bases propostas por Raimundo). Em uma carta de Raimundo Pereira a Bernardo Kucinski, o jornalista narra:

> Esteve aqui a burguesia nacional em pessoa e me propôs fazer um semanário em bases inglesas – um dono que paga e acha dinheiro e um editor que edita – no Brasil. Todas as ideias foram discutidas rapidamente com ele [...]. Pergunta: e os grupos nacionais, os compromissos com as linhas nacionalistas? Resposta: nenhuma; eu (Raimundo) faria um jornal independente etc. Resta agora só a questão essencial: É uma pessoa honesta, decente, com a qual se possa embarcar nessa canoa por um mar de trevas e tempestades? [...]. A uma certa altura a gente se alia ao próprio demônio para trabalhar com um mínimo de decência, mas é preciso saber exatamente que diabo é ele [...]. (Pereira, 1972 *apud* Kucinski, 2003)

Outra situação interessante no jogo de papéis entre patrão e jornalista pode ser ilustrada pelo depoimento de Carlos Chagas. Nele, nosso entrevistado evidencia como a autonomia do empregado também pode ser adquirida quando o patrão não interfere em certos segmentos do veículo que ele não considera importantes ou estratégicos:

> O Silvio Santos [o proprietário da rede de televisão SBT] me liga e diz: "Ah, quero que você venha para cá fazer um comentário por dia". Eu disse: "Está bom, eu vou, mas a sua televisão não é propriamente uma televisão política". Ele disse: "Não, não tem problema nenhum" – ele até foi muito simpático. "Você pode vir aqui comentar tudo o que você quiser, não vou te cercear, te pedir nada. Agora, a responsabilidade é sua. Eu sou responsável só pelos *shows*. Se você for responsabilizado, o problema é seu."

Além das negociações face a face, descritas pelos entrevistados, podemos ilustrar outras situações em que a relação com o proprietário também define o grau de autonomia dos jornalistas. É possível mencionar o fato de que a liberdade criativa que desfruta Carlos Heitor Cony na *Folha de S.Paulo* é resultado da política do jornal de dar espaço aos cronistas de sucesso com o público, medido pelas sondagens de opinião. Ou a indicação de Adísia Sá para a coluna do *ombudsman* do jornal *O Povo*, que pode ser vista como uma forma de o então presidente do grupo, Demócrito Rocha Dummar, negociar um espaço onde ela pudesse exercer o seu talento de forma a beneficiar o veículo (do ponto de vista da audiência e de legitimidade), ao mesmo tempo em que evitava que ela o indispusesse contra grupos políticos no Ceará, como acontecia quando era comentarista do programa de rádio *Debates do Povo*.

As normas impostas no jogo patrão-empregado sempre podem ser desobedecidas pelos dois lados. Zuenir Ventura conta das suas relações com José Antônio Nascimento Brito, proprietário do *Jornal do Brasil*: "Um não gostava do estilo do outro. Da parte dele, suspeito que me achava irresponsável. Da minha parte, era pura reação" (2005, p. 243). Para provocar o patrão, Ventura podia, por exemplo, publicar uma capa escandalosa em um fim de semana em que trabalhava como plantonista, no fechamento das edições de domingo ou de segunda-feira: "Uma delas foi uma foto que publiquei com indevido destaque, de Caetano e Gil beijando-se na boca, quando isso ainda era transgressão e não moda. Sei que ele ficou uma fera. [...] Me divertia em preparar-lhe surpresas parecidas" (2005, p. 244).

Da mesma forma, Bernardo Kucinski conta, no livro *Jornalistas e revolucionários*, que as bases de colaboração negociadas entre Raimundo Pereira e Fernando Gasparian em torno do *Opinião* foram, em certo momento, desrespeitadas pelas duas partes. Primeiro, porque Gasparian não pôde manter uma política de salários compatível com mercado. De sua parte, Raimundo, junto com o restante da redação, passou a se considerar como o verdadeiro dono do jornal, enfrentando ou desprezando eventuais posições de Gasparian.

Ao admitirmos a existência de uma margem de negociação, não estamos negando a existência das relações de poder entre patrões e empregados. Elas existem e são exercidas sempre que necessário. Problemas com a chefia explicam a saída de Mino Carta de *Veja* (em 1976) e *IstoÉ* (em 1994) e sua estratégia posterior de "inventar seus próprios empregos". Explicam também a demissão de Alberto Dines do *Jornal da Noite* (em 1961) e do *Jornal do Brasil* (em 1973); e a de Raimundo Pereira do alternativo *Opinião* (em 1975). Além disso, muitas vezes, o poder patronal é exercido de forma sutil, delimitando a reputação e a evolução das carreiras profissionais dos entrevistados – promoções, demissões, mudanças de estatuto etc. –, embora essas ocorrências nem sempre tenham sido explicitadas nas entrevistas.

Os patrões e a reputação dos jornalistas

Ao delimitar as escolhas que os jornalistas realizam no mundo social, os patrões são responsáveis, até certo ponto, pelo produto final veiculado em suas empresas. Assim, eles passam a influir na construção da reputação adquirida pelos jornalistas. Na medida em que garantem maior ou menor autonomia ao profissional, delimitam até que ponto ele pode se utilizar do jornal para assumir algum tipo de posicionamento político. A reputação de Mino Carta como um jornalista crítico e independente não é recente. Ela se remete aos tempos em que *Veja* combatia a censura durante o regime militar, justamente porque os donos preferiram não intervir na linha editorial da revista. Da mesma forma, a relação de autonomia adquirida por Raimundo Pereira e pela redação de *Opinião* junto ao dono do jornal permitiu que eles se posicionassem como um grupo de resistência à ditadura militar a partir de 1973.

A relação entre escolhas realizadas e reputação junto aos patrões pode ser mais bem ilustrada em um evento bastante conhecido na história do jornalismo brasileiro. Em 14 de dezembro de 1968, Alberto Dines, então diretor do *Jornal do Brasil*, resolveu assumir uma posição política contra a edição do AI-5. Para isso, utilizou-se da autonomia adquirida com o patrão, Nascimento Brito. O resultado foi uma edição considerada histórica, sempre citada nos depoimentos e biografias sobre Dines (*apud* Costa e Devalle, 2002):

> Quando ouvimos a notícia sobre o AI-5, a redação toda parou e pensamos "esse negócio aí é sério, agora vem a censura!" E cerca de uma hora depois da edição da *Hora do Brasil*, alguém liga da portaria do prédio dizendo que tinham chegado alguns militares

fardados para falar comigo, se não me engano eram cinco majores. Eu era o editor-chefe do jornal, eu os recebi, os coloquei na sala de reuniões e pedi para trazerem água ou qualquer coisa assim. Subi para a direção do jornal e disse: "Olha, tem um fato novo e eu acho que agora nós temos uma obrigação, parece que isso vai durar muito tempo, temos uma censura instalada aqui; pelo menos uma vez, e tem que ser amanhã, precisamos avisar ao leitor que estamos sob censura, basta uma vez só; e não pode ser depois de amanhã, tem que ser amanhã, depois de amanhã a gente não sabe o que é que vai acontecer". Aí o Nascimento Brito me falou: "Dines, se você assumir a responsabilidade desse ato, você faz, mas faça do seu jeito". Respondi "deixa comigo!"

Um patrão também pode trabalhar contra a reputação de um jornalista. Pode não reconhecer a competência de um empregado e deixá-lo em segundo plano, impedindo sua ascensão profissional. Foi o que aconteceu, no início, com Adísia Sá:

O meu diretor não admitia que eu assinasse meus primeiros artigos. Achava que eu estava entrando ali só para aparecer. Depois de alguns anos, quando ele se desfez do jornal, pediu perdão porque tinha me massacrado muito, porque ele achava que eu era mais uma que queria aparecer dentro de jornal. E acabou me reconhecendo como jornalista no final.

No extremo oposto, a reputação de um jornalista pode se tornar suficientemente grande para incomodar o proprietário do veículo, como explica Mino Carta (2000, p. 228): "A presença de profissionais competentes, de grandes jornalistas respeitados pelas redações, atrapalha a sucessão no feudo e compromete os interesses de quem manda na instância intermediária e na suprema". Nesses casos, o patrão pode intervir para minar a reputação do seu empregado, reduzindo sua autonomia na redação, demitindo-o (exemplo: Mino Carta) ou deixando que seu nome entre nas "listas negras" do meio profissional (exemplo: Alberto Dines).

As interações com outros membros do mundo social

O processo de construção de reputação e identidade não se limita às interações que os entrevistados estabelecem com as pessoas envolvidas diretamente na produção e na recepção das notícias. Se o que caracteriza um mundo social é justamente o fato de os laços que o compõem se estenderem por toda a sociedade, é preciso agregar à análise sobre os jornalistas-intelectuais a participação de outros atores sociais nas suas histórias de vida. Ainda que a maioria dos entrevistados se situe como jornalistas, essas interações transpõem os limites das atividades pertencentes ao âmago do mundo social. Elas remetem a uma rede de interdependências que abrange a sociedade como um todo, imiscuindo-se nos domínios de outros espaços (político, artístico, universitário). Centraremos nossa atenção no estudo sobre a construção dessas redes de cooperação a seguir.

As relações com os intelectuais

O estudo das relações com os intelectuais merece destaque neste livro. Se falamos em jornalistas-intelectuais, é importante entendermos como as relações com a intelectualidade participam do processo de construção das identidades dos entrevistados. Na análise do material produzido, percebemos diversas referências a espaços e a atores ligados a esse meio, presentes nas trajetórias dos jornalistas-intelectuais. Claro, seria ingênuo acreditar que essas relações implicam automaticamente em uma identidade ou legitimidade intelectual. Elas evidenciam, na verdade, a existência de redes de sociabilidade que ajudam a explicar traços da vida profissional dos entrevistados em termos de escolha e reputação.

Uma sociabilidade compartilhada

Em diferentes momentos, os entrevistados frequentam espaços de sociabilidade intelectual. Partimos aqui do conceito de sociabilidade definido por Jean-François Sirinelli (1994, p. 12) como "um grupo (grupamento) permanente ou temporário, em qualquer grau de institucionalização, do qual se escolhe participar". Ao escolherem ou ao serem escolhidos por grupos intelectuais, esses indivíduos negociam seus estatutos com os demais membros do mundo social, interiorizando convenções, adequando-se às exigências do grupo de acordo com suas hierarquias pessoais.

Um indivíduo pode partilhar conscientemente de uma sociabilidade intelectual com o objetivo de se legitimar socialmente. A aquisição de um *status* de intelectual depende da forma como o indivíduo ingressa nesse meio, como escolhe os modos de afiliação que lhes parecem mais adequados. A pessoa pode, por exemplo, entrar em determinadas rodas intelectuais, como fez Adísia Sá durante sua juventude em Fortaleza. "Eu citava mais autores do que escrevia texto meu. Eu tinha que mostrar que eu era uma pessoa lida, né? Intelectual! Bobagem!" (Amorim, 2005, p. 40).

Pode-se ainda ingressar, ao acaso, em ambientes capazes de proporcionar contato com um clima de efervescência política e cultural de uma época e, assim, ter acesso a redes nodais de convergência intelectual. Tais espaços públicos foram responsáveis pela formação de um grupo expressivo de intelectuais brasileiros. É o caso da Universidade de São Paulo (USP) dos anos 1960. Segundo Marcelo Ridenti (2003), a USP, nessa época, era considerada um espaço de circulação de dramaturgos, escritores, profissionais liberais, músicos, professores e militantes ligados aos movimentos estudantis e às organizações de esquerda. Esse ambiente foi frequentado por Raimundo Pereira, que explica algumas escolhas realizadas durante sua trajetória:

> Naqueles anos, começo dos anos 1960, havia um ambiente de muita politização. A gente se envolvia com aquilo, era mais ou menos o meu caso, embora fosse um envolvimento mais pelo lado literário, cultural [...]. Eu era uma pessoa que escrevia, gostava de escrever, gostava de literatura, de teatro e foi por esse caminho que eu me tornei redator da imprensa.

Outro exemplo de espaço geográfico de sociabilidade intelectual, mas que remete a outra geração, foi mencionado por Alberto Dines, ao descrever o Rio de Janeiro dos anos 1940-1950:

> O Rio de Janeiro era isso, era a capital, com uma vida cultural intensíssima representada por um polígono: o Teatro Municipal; em frente: o Museu Nacional de Belas Artes; um pouco mais ao lado: a Biblioteca Nacional; mais adiante, um prédio moderníssimo, um dos pilares da arquitetura moderna: a ABI; outro pilar da arquitetura moderna: o Ministério da Educação – não tinha muitas atividades, mas tinha uma boa biblioteca e lá trabalhavam grandes figuras como o Carlos Drummond de Andrade. E ali estava a cultura brasileira [...]. E estavam lá os jornalistas [...]. Então, esses ambientes vão te conduzindo [...]. Porque as cidades, naquela época, permitiam essa concentração [...]. Eu sou muito fruto desse ambiente cultural do Rio de Janeiro e consegui me encaixar.

Um curioso ambiente de socialização da intelectualidade brasileira durante o regime militar foi o das prisões. O fato de, durante a ditadura, numerosos intelectuais terem sido detidos, estranhamente fez do ambiente prisional um espaço de encontro entre essas pessoas. Nesse caso, seria um contrassenso dizer que se trata de uma escolha intencional de afiliação intelectual. Entretanto, a ideia dos "companheiros de prisão" marca a biografia de diversos entrevistados, sobretudo da geração que viveu de forma mais intensa o período do regime militar. Dos seis jornalistas que iniciaram sua carreira no jornalismo antes do golpe de 1964, apenas Adísia Sá e Carlos Chagas não foram presos.

A passagem pelos "porões da ditadura" atesta, antes de tudo, a opção pelo engajamento contrário ao regime, a partir da militância política e intelectual em defesa das liberdades democráticas. Dessa opção, surgiram laços de identificação entre os presos, ou mesmo de amizade, como explica Zuenir Ventura (*apud* Horta e Priolli, 1989) ao falar dos seus companheiros de prisão:

Por equívoco, parece que me confundiram com um dirigente do "Partidão" [como, ainda hoje, é conhecido o Partido Comunista Brasileiro – PCB] que tinha o mesmo sobrenome. Fiquei preso três meses com o Ziraldo, o Geraldo Mello Mourão, o Osvaldo Peralva e o Hélio Pellegrino. Então, aproveitei para fazer análise com ele [Pellegrino]. Ninguém sabe por que, fomos colocados na mesma cela às cinco da tarde e, nesse primeiro dia, conversamos sem parar até o amanhecer. E continuamos conversando.

Ele nos conta, ainda:

Eram todos mais ou menos ligados. O Ziraldo era jornalista também, o Hélio Pellegrino, embora fosse psicanalista, era um colaborador ativo da imprensa diária. Ele escrevia artigos, tinha uma militância muito grande no jornalismo, embora fosse a militância de articulista. Mas, enfim, todo o mundo ligado, todos eles presos por opinião e presos juntos.

As redes de sociabilidade podem ainda se formar em ambientes onde as interações com/entre os intelectuais se realizam de forma mais institucionalizada. Os jornais, até a década de 1960, constituíram-se em espaços de convivência entre os profissionais da imprensa e os *hommes de lettres*. "Num momento em que as universidades ainda não concentravam a produção cultural do país, a maioria dos intelectuais era autodidata, formada na vida e em centros de convergência como a imprensa" (Costa, 2005, p. 96). Nesse contexto, redações inteiras também se transformavam em espaços de troca entre jornalistas e intelectuais. Trocas que resultavam em "fagulhas", nas palavras de Alberto Dines: "Eu sou fruto dessa concentração em torno das redações. [...] Você tinha todo um circuito onde as pessoas se conheciam, se intercambiavam, tinham uma interlocução. E as redações eram o foco". Um dos exemplos mais notórios desse fenômeno foi a redação do *Correio da Manhã*, jornal influente nos anos 1950-1960 – o mesmo veículo, aliás, no qual Cony publicou suas crônicas contra o golpe militar em 1964. Em depoimento, o redator-chefe do *Correio*, o escritor e jornalista Antonio Callado (*apud* Costa, 2005, p. 96), descreve a relação entre os jornalistas e os intelectuais que integravam a redação desse periódico:

Era uma estrutura intelectual impressionante [...]. Creio que não se repetiu no país uma redação tão impressionante como aquela, inclusive porque havia uma simbiose, uma ligação maior entre o intelectual e o redator do jornal. Hoje os jornais estão mais profissionalizados e, sob muitos aspectos, mais fortes do que os daquela época. Isso tirou outro brilho, o brilho intelectual que existia em redações como a do *Correio*.

Já comentamos aqui da influência que Alberto Dines sofreu com a convivência com os editorialistas do *Jornal do Brasil*. Alguns deles eram jornalistas, outros escritores, como Luiz Alberto Bahia, o próprio Antônio Callado e o cronista Otto Lara Resende. Zuenir Ventura também trabalhou com intelectuais nas redações do *Tribuna da Imprensa* (Ledo Ivo) e em *O Cruzeiro* (José Candido de Carvalho), além do polemista e político Carlos Lacerda, proprietário do *Tribuna*. Juremir Machado da Silva conviveu com os escritores gaúchos Luis Fernando Verissimo, Moacyr Scliar e David Coimbra. Da mesma forma, *Opinião*, um dos jornais dirigidos por Raimundo Pereira, funcionou como um espaço de "comunicação entre intelectuais e jornalistas perseguidos pelo regime militar e seu público, devolvendo o direito de expressão aos pesquisadores e pensadores expurgados das universidades" (Chinem, 2004, p. 109). O periódico deu espaço a figuras como Fernando Henrique Cardoso e Aloysio Biondi.

A visão do jornalismo como espaço de sociabilidade intelectual não se limita ao espaço redacional. Muitas vezes, a própria prática jornalística permite que se entre em contato com pessoas do meio acadêmico, artístico e cultural. São relações institucionalizadas a partir de papéis, como o de fontes de informação, e que podem posteriormente evoluir para relações de coleguismo ou amizade. Isso é bastante comum nos jornalistas que cobrem editorias de cultura (Antônio Hohlfeldt, Juremir Machado da Silva, Zuenir Ventura), como explica Cristiane Costa (2005, p. 168):

> É uma estratégia que oferece a esses autores uma posição privilegiada no campo literário por seus contatos com editores, críticos e outros escritores, além de permitir um conhecimento sempre atualizado sobre tendências, normas e lançamentos do mercado editorial. E que permite ao jornalista especializado a acumulação de capital cultural, conhecimento teórico e técnico, além de uma melhor compreensão da lógica do jogo intelectual.

Outro ambiente que favorece essa sociabilidade é o meio acadêmico. Dos dez entrevistados, sete tiveram alguma experiência como professores: Adísia Sá, Alberto Dines, Antônio Hohlfeldt, Carlos Chagas, Flávio Tavares e Mino Carta. Espaço reconhecido de atuação e recrutamento da intelectualidade, a universidade possibilita que o jornalista estabeleça contato com intelectuais, sobretudo das áreas de jornalismo e comunicação. Certas sociabilidades no meio universitário podem, inclusive, institucionalizar-se em espaços de troca e produção intelectual. As amizades que Adísia Sá estabeleceu com os teóricos pioneiros da comunicação, por exemplo, permitiu que ela criasse, com o apoio do professor José Marques de Melo, a Escola do Ceará. Tratava-se de um grupo de professores universitários de áreas diversas que discutia, estudava e escrevia sobre comunicação. Dessa escola, surgiram obras como *Fundamento científico da comunicação*, organizada por Adísia em 1972, e a *Revista de comunicação da Universidade Federal do Ceará*.

A existência de espaços de sociabilidade comuns entre jornalistas e intelectuais remete aos laços que a atividade jornalística estabelece com domínios vizinhos, como a política, a literatura e as ciências sociais. Evidencia-se a forma como esses ambientes estão ligados a processos históricos e sociais concretos, aos espaços nodais de troca intelectual que se formam nas sociedades. Isso sem falar nas relações informais que se estabelecem entre jornalistas e intelectuais. Elas nem sempre são fáceis de ser apreendidas. Todavia, podemos citar as relações de Flávio Tavares com os escritores argentinos Jorge Luís Borges e Ernesto Sábato; de Zuenir Ventura com o escritor mineiro Rubem Fonseca e com o cineasta Glauber Rocha; de Dines com o filólogo Antônio Houaiss; de Juremir Machado da Silva com um grupo expressivo de intelectuais franceses; de Adísia Sá com Rachel de Queiroz; de Antônio Hohlfeldt com professores da área de comunicação e escritores ligados à literatura infantil; entre outros.

Sociabilidade e carreiras profissionais

O ingresso em uma rede de sociabilidade, por mais espontâneo ou natural que seja, resulta sempre de um processo de negociação identitária. Funcionando de modo semelhante ao que Rémy Rieffel (1993) chama, no livro *La tribu des clercs*, de "modos de afiliação intelectual", essas redes permitem, ao mesmo tempo, que o indivíduo interiorize visões de mundo e convenções do grupo e expresse socialmente sua posição identitária.

Claro, seria precipitado pensar que simplesmente por ter amizade com literatos uma pessoa possa adquirir o interesse e as técnicas literárias e, consequentemente, tornar-se um escritor. Porém, fica claro que esses vínculos permitem que ela justifique e organize sua experiência pessoal ao relatar sua trajetória. Eles ajudam a explicar certas posturas em termos de carreiras e de práticas profissionais adotadas pelos entrevistados, remetendo, portanto, às análises realizadas no capítulo anterior. Fazendo essa ligação, podemos trabalhar brevemente a relação entre sociabilidade e carreiras profissionais a partir de duas vertentes:

1. As interações com o meio intelectual podem ser utilizadas para explicar como a trajetória do indivíduo é situada – em termos de continuidade e ruptura – na definição que ele faz da sua formação intelectual ou das práticas geralmente associadas a uma geração.

Assim, para Alberto Dines, a ideia do jornalismo como atividade cultural é resultado da sua formação no ambiente cultural do Rio de Janeiro dos anos 1950.

Algo, aliás, que é comum às pessoas que integravam sua geração, como Paulo Francis, segundo Dines: "O Francis só era possível porque ele era um produto típico do Rio de Janeiro". Kucinski (2003, p. 89) chega a uma conclusão semelhante sobre o Rio de Janeiro ao falar da formação cultural e intelectual deste jornalista-intelectual que é Paulo Francis:

> Teve também a sorte de nascer no lugar certo e crescer no melhor momento: no Rio de Janeiro, no rico período democrático que vai do fim do Estado Novo ao golpe de 1964. Trombava numa esquina com Jaguar e na outra com Jorge Amado, ia tomar cafezinho com Millôr ou com Ênio Silveira. Aprendeu teatro tendo Niemeyer como cenógrafo. Foi editor assistente, ainda jovem, de *Senhor*, melhor revista produzida no Brasil, criada por Nahum Sirotsky e dirigida por ele, por Luiz Lobo e por Nelson Rodrigues, e na qual escreveram os melhores jornalistas e ficcionistas da época.

Da mesma forma, Raimundo Pereira justifica sua trajetória no jornalismo popular como uma escolha comum a uma geração, forjada no clima de efervescência política e cultural dos anos 1960. Situações parecidas podem ser discernidas no ingresso de Adísia Sá na universidade; de Flávio Tavares na política; de Carlos Heitor Cony no jornalismo.

Finalizaremos este tópico com mais um exemplo. Trata-se de Juremir Machado da Silva. Ao falar sobre seu atual estilo como cronista, o entrevistado explicita as referências intelectuais adquiridas no período em que esteve imerso no meio acadêmico francês:

> Bom, eu acho que [as minhas crônicas] primeiro têm a ver com a minha personalidade, o meu jeito de olhar as coisas e talvez tenham muito a ver com as influências intelectuais que sofri. São as pessoas todas com as quais convivi. Eu sofri muita influência de três intelectuais franceses. O Michel Maffesoli, que foi o meu orientador de tese, foi o cara que me resgatou para a vida acadêmica. Na verdade, meu encontro com ele se deu porque eu já lia os seus livros e achava as ideias interessantes, a questão da pós-modernidade e tudo mais. O Maffesoli me influenciou muito numa certa maneira cética, um tanto niilista, de ver as coisas. Não num niilismo amargo, mas um niilismo, no fundo, divertido. Do tipo: as coisas não têm sentido e isso não é nenhum problema, vamos dar um jeito de viver sem sentido, com alegria, vamos festejar, vamos viver intensamente a vida, justamente porque ela não têm sentido [...]. Depois, eu sofri uma grande influência do Edgar Morin. O Morin é um pensador mais tradicional, um pensador, de certa maneira, que tem uma tendência mais política: "Vamos melhorar o mundo, vamos lutar pelos excluídos. Vamos tentar, se não dá para fazer o melhor dos mundos, vamos fazer um mundo melhor". Eu tenho um pouco esse lado sim [...]. Mas eu sofri uma influência decisiva do Jean Baudrillard, que trabalha

com a ironia, com o paradoxo e que tem o que os franceses chamam de "um olhar *décalé*", um olhar meio de viés, um olhar de lado para deslocar o sentido e justamente fazer vir à tona o absurdo das coisas. Eu sofri, do ponto de vista do texto, essa influência total. Eu percebi também, tateando, tentando buscar o meu estilo, que era o estilo que eu praticava melhor. Eu fiz de tudo no jornalismo, do jornalismo sério, para o jornalismo de reportagem, para o jornalismo de ideias e, chegou um dia que, praticando todos eles, descobri que o que eu pratico melhor é esse tipo de texto.

A existência dessas relações permite ainda que os entrevistados expliquem de que modo suas incursões no meio intelectual foram previamente negociadas. Eles justificam essas escolhas para o pesquisador, mostrando que não foram atitudes irrefletidas do ponto de vista das carreiras profissionais. Ou então podem utilizar essas relações para se legitimar diante dos demais integrantes do mundo social.

Nesse caso, percebe-se uma intenção de se agregar à vida e obra do entrevistado o aval de uma figura reconhecida no meio intelectual. É o que aconteceu com a escritora Adísia Sá por ocasião da publicação do seu primeiro e único romance, *Capitu contra Capitu*: "Eu não tive coragem de publicar, aí mostrei a Rachel [de Queiroz], mostrei a Moreira Campos e a um professor de literatura. E todos me estimularam". Na mesma situação enquadra-se Alberto Dines:

> Quem foi muito importante foi o Antônio Houaiss, *que era um grande intelectual, com quem eu tinha uma relação não muito constante, mas respeitosa.* Foi uma das primeiras pessoas que procurei quando decidi escrever *Morte no paraíso*. [...] Ele me deu uns exemplos de grandes biografias que eu precisava ler. Mas ele falou uma coisa que é fundamental: "Olha, seja jornalista, você está aí com um instrumental que é muito bom". [Grifo nosso]

Além do papel dessas amizades nas escolhas realizadas pelos entrevistados, as relações com o meio intelectual também influem na aquisição de certos atributos institucionais (títulos, prêmios etc.) que ajudam a compor a reputação dessas pessoas, como veremos a seguir.

A reputação intelectual: o reconhecimento dos pares

Quando falamos em jornalistas-intelectuais, até certo ponto queremos dizer que se tratam de indivíduos reconhecidos como pares por outros intelectuais. Seria exagerado dizer que esse processo decorre de uma estratégia intencional de mudança de estatuto. Mas podemos dizer que essa dupla condição – jornalistas e intelectuais – foi de certa forma negociada pelos entrevistados principalmente nos espaços político, literário e universitário.

Em certos casos, o simples fato de ter um trabalho bem avaliado por outro intelectual possibilita que o entrevistado situe sua produção em outro patamar. Podemos ilustrar tal fato com o depoimento de Flávio Tavares: "Eu vou citar aqui o Ernesto Sábato, que é um grande escritor argentino. [...] O Sábato, me dizia: 'Ah, o senhor escreve muito bem' – umas coisas que eu escrevi sobre ele no México e ele leu. 'O senhor devia se dedicar à literatura.'"

Outro caso interessante são as relações que Adísia Sá estabeleceu com acadêmicos ligados à pesquisa em comunicação, sobretudo com o professor José Marques de Melo[13] e que, sem dúvida, influíram na sua reputação no meio:

> O Zé Marques foi um dos examinadores no meu concurso para professora titular da Universidade Federal do Ceará. Ele se ligou muito à gente, deu uma força muito grande, nos ajudou a criar a *Revista de Comunicação da Universidade Federal*, onde eu publiquei meus primeiros comentários sobre jornalismo em caráter mais filosófico. E também me estimulou muito a escrever o livro *Fundamento científico da comunicação*, por cuja disciplina eu era responsável.

Também Juremir Machado da Silva acredita que sua legitimidade foi em parte adquirida nas relações que estabeleceu com intelectuais franceses durante o período em que estudou e trabalhou naquele país: "A gente organiza muitos seminários, traz muita gente. Isso também criou uma espécie de legitimação. Normalmente, quando tem um evento aqui que envolve grandes intelectuais estrangeiros eu estou envolvido nisso".

Juremir chama atenção para outro tipo de reconhecimento público: a imagem de amigo do colunista da revista *Veja*, Diogo Mainardi. Essa associação – equivocada, segundo ele, porque reduz sua obra a essa relação de amizade – foi inclusive assunto de uma de suas crônicas:

> Por onde eu passo, sou apresentado como amigo de Diogo Mainardi. Declaro-me honrado. Afinal, Diogo é maravilhoso e famoso. Se não consegue derrubar o presidente, ao menos o faz com ministros mesmo sem querer. Eu nunca derrubei sequer um secretário, nem um Aspone que fosse. Sem dúvida, passar de inimigo de Verissimo a amigo de Diogo Mainardi é um grande progresso. Continuo, porém, alimentando uma ambição arrogante: ser Juremir Machado da Silva. Apenas. (*Revista Press & Advertising*)

---

13 José Marques de Melo é um dos teóricos pioneiros nos estudos sobre comunicação no Brasil, tendo sido o primeiro brasileiro a defender uma tese sobre jornalismo. Foi também o primeiro presidente da Sociedade Brasileira de Estudos Interdisciplinares em Comunicação (Intercom). É diretor-executivo da Cátedra Unesco/Umesp de Comunicação, presidente da Rede Alfredo de Carvalho, professor titular e emérito da Escola de Comunicações e Artes da Universidade de São Paulo (ECA-USP).

Ao comentar a crônica, Juremir nos disse:

O Diogo Mainardi é um grande amigo meu, gosto dele e por várias razões. Primeiro: ele escreve muito bem. O estilo dele é contundente, sarcástico, maravilhoso. Segundo: ele é uma pessoa maravilhosa, doce, agradável, inteligente. E terceiro: muitas vezes eu até concordo com algumas posições do Diogo. Às vezes, até concordo com muito do que o Diogo diz. Outras vezes, não. O que escrevi no meu texto é uma coisa bem típica de mídia, o jornalista gosta de rótulos, de deduções. No Rio Grande do Sul, o cara olha para mim e diz: "Ah, o Juremir é o Diogo Mainardi dos Pampas". Eu digo: "Olha, primeiro, eu comecei antes. Segundo, eu tenho as minhas próprias posições. Terceiro, eu acho que é uma redução: eu sou eu". Acho que não vale a pena reduzir um ao outro. Claro que é honroso ser o Diogo Mainardi, o sujeito é importante, escreve bem, é temido, é corajoso, que é outra vantagem que eu admiro. Mas eu tenho as minhas particularidades, eu tenho minha vida [...]. As pessoas, de cara, pensam assim: "Existe o topo e existem aqueles que imitam o topo".

Em muitos casos, o reconhecimento intelectual é adquirido por meio de instâncias institucionais de atribuição de um estatuto. A publicação de livros, realizada por nove dos dez entrevistados, é ainda um dos canais fundamentais de legitimação nesse meio. Muitas vezes, ela funciona como uma espécie de batismo intelectual, uma forma de "ingressar no circuito", como relata Alberto Dines (*apud* Abreu e Lattman-Weltman, 2003) ao se referir ao lançamento de *Morte no paraíso*. Publicar um livro pode ser visto como a materialização do conhecimento, de experiências e também de relações sociais adquiridas no decorrer das trajetórias de vida dos atores, que culmina em uma obra de caráter mais duradouro.

O reconhecimento intelectual é expresso ainda nos prêmios literários: Antônio Hohlfeldt (Prêmio Açorianos de Literatura, finalista categoria infantojuvenil, Secretaria Municipal de Cultura de Porto Alegre, em 2000), Flávio Tavares (Prêmio Jabuti, categoria reportagem, em 2000); Carlos Heitor Cony (Prêmios: Manuel Antônio de Almeida, em 1957 e 1958; Jabuti, em 1996, 1997 e 2000, categoria romance; Livro do Ano, em 1996 e 1998 e 2000; Prêmio Nacional Nestlé, em 1997; Prêmio Machado de Assis, da Academia Brasileira de Letras, pelo conjunto de obra, em 1996); Zuenir Ventura(Prêmio Jabuti, 1995, categoria reportagem). Nos prêmios acadêmicos: Adísia Sá (Prêmio Luiz Beltrão, em 2006, categoria maturidade acadêmica); Juremir Machado da Silva (Prêmio Luiz Beltrão, em 2001, categoria liderança emergente); Antônio Hohlfeldt (Prêmio Luiz Beltrão, em 2007, categoria maturidade acadêmica). Nos livros publicados em outros idiomas: Alberto Dines (*Tod im Paradies. Die Tragödie des Stefan Zweig. Frankfurt/Main*: Edition Büchergilde, em 2006. Uma edição espanhola estava sendo produzida durante esta pesquisa); Carlos

Heitor Cony (*Pessach: la travessia*. Cidade do México: Editora Extemporaneos, em 1973; *Pessach: la traversée*. Montreuil: Folies d'Encre, 2009) *Quasi-mémoires*. Paris: Gallimard, em 1999); Juremir Machado da Silva (*Brésil, pays du présent* [tese de doutorado]. Paris, Desclée de Brouwer, 1999); Zuenir Ventura (*Cidade partida*: Traduzido como *Viva Rio*. Itália, Feltrinelli, em 1997). Também no fato de se tornarem objeto de artigos, livros, monografias, dissertações e teses acadêmicas, por exemplo, Adísia Sá, Carlos Heitor Cony, Juremir Machado da Silva, Raimundo Pereira, Zuenir Ventura. Igualmente, no ingresso em círculos fechados como a Academia Brasileira de Letras (Carlos Heitor Cony), no fato de ocupar cargos em associações científicas (Antônio Hohlfeldt, Juremir Machado da Silva) ou pelas homenagens prestadas por instituições políticas e culturais (Alberto Dines, Antônio Hohlfeldt).

Destacamos ainda o papel das conferências feitas em espaços como o "Sempre um Papo" (Carlos Heitor Cony, Mino Carta e Zuenir Ventura) e "Rodas de Leitura" (Carlos Heitor Cony, Mino Carta e Zuenir Ventura). Afonso Borges, coordenador do "Sempre um Papo", embora não o defina como uma instância de legitimação intelectual, explica, em entrevista por *e-mail* a este autor, que a participação nesses eventos muitas vezes funciona como um atestado do talento do palestrante, o que abre caminho para a consagração com o público:

> Quando um convidado participa do "Sempre um Papo", seja qual for a cidade, a mídia passa a reconhecer aquela pessoa como importante e, consequentemente, o público também. A chancela do projeto faz bem para a carreira do autor. A [escritora gaúcha] Lya Luft, por exemplo, participa conosco há mais de 10 anos, quando ela ainda não era famosa. Hoje, vende 700 mil livros, reúne milhares de pessoas. O sucesso é mérito do trabalho dela, mas temos uma parcela de "culpa" nisso também.

Nos próprios livros publicados pelos entrevistados, a existência de prefácios, dependendo de quem assina, demonstra influência e reconhecimento por parte da intelectualidade. O livro *Capitu contra Capitu*, de Adísia Sá (1992), foi prefaciado pela escritora Rachel de Queiroz. *Brésil, pays du présent* ("Brasil, país do presente"), versão francesa da tese de doutorado de Juremir Machado da Silva, recebeu o prefácio do sociólogo francês Edgar Morin e integrou a coleção *Sociologie du quotidien* ("Sociologia do cotidiano"), dirigida por Michel Maffesoli. *O Papel do jornal*, de Alberto Dines (1986), foi prefaciado pelo professor e teórico em comunicação, José Marques de Melo, que define a obra como um "clássico, que ocupa um lugar privilegiado nos estudos sobre a imprensa no Brasil". Marques de Melo destacou também o seu caráter "científico-jornalístico" e, citando o professor Alceu Amoroso Lima, definiu Dines como sendo o "príncipe do jornalismo brasileiro". Pelo seu *Memórias do esquecimento* (Tavares, 1999), Flávio Tavares recebeu uma carta elogiosa do escritor português José Saramago, Prêmio Nobel de Literatura em 1998, posteriormente publicada na orelha do segundo livro de Tavares, *O dia em que Getúlio matou Allende*.

A crítica literária também é uma instância importante na atribuição de reputação no meio intelectual e será tratada adiante. Receber um título de doutor *honoris causa* (Alberto Dines), ser convidado para palestras em universidades e para eventos acadêmicos (prática corrente entre todos os entrevistados) também demonstram certa notoriedade. Finalmente, o fato de trabalhar como professor universitário permitiu que alguns entrevistados associassem sua identidade à legitimidade do meio acadêmico. Mesmo que não sejam vistos como teóricos ou pensadores da área, alguns desses jornalistas-intelectuais podem, ao menos, posicionar-se perante os profissionais da imprensa como atores sociais cujo conhecimento lhes permitiu transmitir e produzir uma reflexão teórica sobre suas práticas.

As interações com o Estado e as intervenções durante a ditadura militar

O golpe militar de 1964 e a instauração do AI-5 em 1968, como veremos no capítulo seguinte, alteraram profundamente o cenário político e intelectual brasileiro, refletindo nas histórias de vida de parte dos entrevistados. Atuando como jornalistas ou intelectuais, Alberto Dines, Carlos Chagas, Carlos Heitor Cony, Flávio Tavares, Mino Carta, Raimundo Pereira e Zuenir Ventura, de alguma forma, engajaram-se politicamente contra a ditadura. Estudaremos, a seguir, como o Estado está presente na trajetória desses indivíduos, no que se refere às suas carreiras profissionais no jornalismo, na literatura e na política.

A briga contra a censura

Quando observamos o cotidiano de jornalistas e intelectuais, uma das formas mais diretas de intervenção de um regime de exceção contra a produção cultural desses atores é a censura. Ao proibir ou cortar textos que versam sobre assuntos considerados indesejados, o Estado altera profundamente as condições de criação desses produtos simbólicos. Por isso, a existência da censura não pode ser ignorada por qualquer autor no momento de redigir um livro ou reportagem. Da mesma maneira, outras pessoas que de algum modo colaboram com o mundo social (leitores, patrões, editores) também passam a levar em conta as possíveis alterações do censor em suas atividades e a atribuir um sentido político ao que leem, mesmo que esse sentido não seja exatamente pretensão do autor.

A necessidade de driblar a censura explica a opção por mudanças na forma de produção textual, por exemplo, no sentido de adotar uma linguagem mais sutil ou metafórica. Esse foi um fato recorrente na prática jornalística brasileira dos anos 1960 e 1970 e também esteve presente em outros setores artísticos e culturais.

Um episódio da vida de Alberto Dines ilustra esse fato. Ao produzir a famosa capa do *Jornal do Brasil* do dia 14 de dezembro de 1968, em que tentava alertar o leitor sobre o caráter autoritário do recém-editado Ato Institucional n° 5, Dines recorreu a uma série de recursos de linguagem, como o de inventar uma previsão meteorológica falsa para se referir ao clima político do País ("Tempo negro. Tempestades sufocantes. O ar está irrespirável. O país está sendo varrido por fortes ventos.") O dia 14 de dezembro, na verdade, foi um dia de sol. Ou publicar uma foto descontextualizada do jogador de futebol Garrincha sendo expulso de campo em um jogo ocorrido seis anos antes, com a legenda: "Garrincha foi expulso quando o Brasil vencia o Chile na Copa de 62".

Mino Carta (*apud* Abreu e Lattman-Weltman, 2003, p. 187), no período em que dirigiu a revista *Veja*, também fala de episódios em que utilizou recursos metafóricos nos textos jornalísticos para enganar os censores:

> Nós começamos a publicar estranhos textos, debaixo, se não me engano, da rubrica História. Eram fantasias que inventávamos para ludibriar os censores e divertir as nossas famílias. Reescrevemos a história das Cruzadas com destaque para o general Drapeau, que era uma sátira do general Bandeira. [...] [Os entrevistadores Alzira Alves de Abreu e Fernando Lattman-Weltman]: Nos divertimos muito lendo esses textos sobre a iminente 'volta dos anjos', que certamente se referia à distensão e ao fim da censura. [Carta] Havia o padre Sean, que devia ser o general Golbery, havia o Feio [...] Salah Al-Pinh, o Feio. Eu precisava ler para me lembrar, mas esse devia ser o Buzaid. Falcão era o monge Falcus. Al-Selh devia ser o Geisel. Mas os censores não entendiam nada.

Carlos Chagas, na época em que trabalhava n'*O Estado de S. Paulo*, chegou a inventar um país fictício para que uma matéria sobre a economia pudesse furar o bloqueio da censura:

> Em 1974, o Geisel ia assumir a presidência. Um ministro dele garantiu-me que a censura iria acabar. Eu pensei: "já que vai acabar, tenho mais liberdade para escrever". Eu não entendo de economia, então fui à UnB e falei com alguns professores que me ajudaram a escrever um artigo chamado "O falso milagre brasileiro". Ele desmontava, ponto a ponto, aquilo que o governo dizia sobre a economia do país. Mas a censura não acabou naquele momento. O governo Geisel demorou ainda uns dois anos para iniciar a abertura. No dia seguinte à posse de Geisel, o censor cortou o meu artigo. Aí fiquei realmente chateado. Artigos políticos, ele podia proibir 300 que eu escrevia de novo. Mas esse, não. Eu tinha pesquisado, ouvido especialistas em cada ponto. Sentei à máquina e escrevi um outro artigo, chamado "O falso milagre baldônico". Inventei um país, chamado Baldônia Interior, e reescrevi o artigo usando os mesmos números, os

mesmos argumentos. Era o artigo de antes, mas eu havia trocado o nome do país. Quando o artigo chegou lá em São Paulo, dizem que o censor falou: "Até que enfim esse Carlos Chagas resolveu escrever sobre política externa!" (*apud* Castro, 2006)

O uso desse tipo de linguagem metafórica tinha como finalidade transmitir uma informação proibida pelos censores. Curiosamente, esse tipo de artifício permitiu que alguns jornalistas ainda apurassem o estilo textual, introduzindo mudanças duradouras em suas práticas profissionais e no meio jornalístico como um todo. É o que afirmam Mino Carta e Flávio Tavares:

MINO CARTA Devo confessar... Aliás, confessar não, devo afirmar em alto e bom som, que a censura foi uma dádiva. Ela nos levou a repensar a conjuntura em que vivíamos de forma bem diferente da do início da revista. E mais: levou a revista a se esmerar na informação de qualidade. A censura foi muito benéfica. Por incrível que possa parecer. (*apud* Sandes, 2000)

FLÁVIO TAVARES Nós passamos a escrever melhor para burlar essas restrições. [...] Eu me soltei muito mais depois de 1964. É uma total contradição dizer isso, de que eu me soltei mais como jornalista num período autoritário, ditatorial, de total vigilância, mas é verdade. Apurei meu estilo, passei a dizer tudo de uma forma mais elegante que, segundo todo mundo, marca meu estilo até hoje. No ano de 1965, baseando-se em 1964, me deram um prêmio em Brasília de melhor colunista político do ano e quem estava na comissão de julgamento era o Carlos Castello Branco, que era o grande jornalista político do *Jornal do Brasil*. Foi contraditório o fato de que, para fugir da opressão, nós tínhamos que ser mais sofisticados, mais profundos.

As tentativas de burlar os censores também contribuíram na construção da reputação dos entrevistados. O simples fato de citarem episódios de luta contra a censura em suas biografias já demonstra que esse tipo de ação adquire entre jornalistas e a sociedade brasileira uma aura de heroísmo. Dos entrevistados, quem foi mais enfático ao afirmar essa relação (desafio à censura e legitimidade profissional) foi Mino Carta. É interessante observar como o seu depoimento busca desconstruir o mito de que toda a imprensa se opôs ao regime militar. A intenção de Carta, nesse caso, seria a de separar o joio do trigo, atribuindo notoriedade apenas a quem teria, de fato, enfrentado a censura:

MINO CARTA Eu não sei se você conhece bem a história da censura no Brasil, é uma história que normalmente as pessoas não conhecem. Sobretudo os jovens como você não têm a menor ideia de como foi. Mas a verdade é que ninguém foi censurado porque não precisava. O golpe de Estado de 1964, que criou essa nefanda ditadura por cujos erros pagamos até hoje, foi desejado, implorado por toda a grande mídia brasileira. Eles queriam o golpe. [...] O *Estadão* foi censurado em função de uma briga interna entre eles, porque os Mesquita e o Carlos Lacerda queriam partilhar o poder e os militares não queriam. Então, o Lacerda acabou cassado e o *Estadão* acabou censurado, mas é uma censura muito branda, executada na redação e permitia-se ao jornal colocar nos espaços deixados vazios pela tesoura censorial versos de Camões e receitas de bolo. A *Veja* e os alternativos – *Movimento, Opinião, Pasquim,* o jornal do D. Paulo Evaristo, *O São Paulo,* da cúria de São Paulo – foram censurados brutalmente e submetidos a humilhações diárias. [...]

FÁBIO PEREIRA Então, essa história da resistência da imprensa é um pouco balela?
MINO CARTA Total! Total! Não teve resistência alguma! Mas como?! Eles pediram o golpe! A *Veja* foi censurada. Eu saí da *Veja* para que a censura saísse porque comigo não haveria mudanças na linha da revista. Bom, aí a censura saiu de *Veja* e saiu de todos os outros jornais aos poucos.

Para Mino Carta, a atuação contra a censura é fundamental para a construção da reputação de um jornalista no período pós-1964, por isso a necessidade de atribuir tal mérito apenas a quem realmente enfrentou os censores. O próprio Mino se beneficia dessa situação. Parte da sua trajetória pessoal é profundamente associada ao seu engajamento na direção de *Veja* contra o regime militar. Casos da sua biografia, como a cobertura da sucessão do general Costa e Silva e a capa sobre torturas publicadas pela revista em 1969, tornaram-se referência na história política e na história do jornalismo no Brasil, como nos conta um dos membros da equipe de *Veja* na época, o entrevistado Raimundo Pereira:

Fizemos uma primeira matéria explorando umas fofocas de bastidores que não tinham nada de verdadeiro. Um dos assessores do Médici disse que não ia admitir torturas e nós demos uma capa dizendo que o presidente não admitia torturas. Depois, repercutimos essa capa. O próprio ministro da Justiça, que era o Alfredo Buzzati, achou que o presidente realmente ia apurar as torturas e deu declarações dizendo que ia apurar. *Nós* fomos apurar e fizemos a capa "Torturas no Brasil", um levantamento amplo, com muitos casos sobre o assunto. A matéria ficou na história, inclusive porque o Mino, com muita coragem, mandou desligar os telefones da redação para que a censura não nos informasse, porque os patrões, com certeza, não aceitariam a matéria, se a censura proibisse, eles também proibiriam. Mas o Mino mandou desligar os telefones e, no final, a matéria saiu.

Da mesma forma, a atuação de Dines no *Jornal no Brasil* é geralmente lembrada pelas duas capas que publicou com o objetivo de burlar a censura e informar a população dos acontecimentos políticos do país. A primeira é justamente a capa sobre o AI-5: "Nós fizemos uma edição em que enganamos os censores: eles diziam uma coisa, nós íamos à oficina e fazíamos outra. E saiu uma edição que é considerada histórica. [...] Foi realmente espetacular" (*apud* Abreu e Lattman--Weltman, 2003, p. 97). A segunda desafiou a proibição dos censores quando deu destaque à morte do presidente socialista chileno, Salvador Allende, em 11 de setembro de 1973:

> Veio a ordem de um inspetor, não me lembro o seu nome, acho que era Borges, dizendo que o Allende não podia dar manchete. [...] Aí eu decidi: "vamos fazer uma matéria com a história toda em letras grandes e em três colunas". Aí o nosso diagramador, que era o Carlos Avelar, se não me engano, fez aquele trabalho brilhante que foi de um impacto brutal. (*apud* Costa e Devalle, 2002)

Outras formas de engajamento contra o regime militar

Além da intervenção direta na produção jornalística via censura, o regime militar também participou das histórias de vida dos entrevistados, delimitando escolhas individuais, como a decisão de se engajar em defesa das liberdades democráticas. Esse tipo de postura geralmente é visto como um dever moral a ser exercido por jornalistas e intelectuais e aparece como inevitável na opinião da maioria dos entrevistados.

Algumas ações são ilustrativas da relação entre a luta pelas liberdades democráticas e a consolidação da biografia desses jornalistas-intelectuais. Podemos citar as manifestações públicas (como o manifesto realizado por Cony e outros intelectuais em 1965, em frente ao Hotel Glória, por ocasião da reunião da Organização dos Estados Americanos, motivo da sua primeira prisão); a publicação de textos de críticas ou denúncias contra o regime (as crônicas publicadas por Cony no *Correio da Manhã* e todo o trabalho da imprensa desenvolvido por Raimundo Pereira), o engajamento político-partidário (as relações informais de Raimundo Pereira com o Partido Comunista do Brasil – PCdoB) e o ingresso em movimentos revolucionários (a participação de Flávio Tavares na luta armada) etc.

Essas ações resultam em escolhas que explicam mudanças na condução das carreiras profissionais de alguns entrevistados. Podem ser radicais, como no caso de Flávio Tavares e Raimundo Pereira, conforme descrevemos no capítulo anterior. Ou podem consistir em alterações menos bruscas, sem impactos tão profundos do ponto de vista da evolução das identidades. Foi o que aconteceu com Cony e Mino Carta, demitidos dos veículos em que trabalhavam por causa do engajamento contra a ditadura.

De qualquer forma, tais manifestações contra o regime militar são essenciais na construção da reputação de alguns jornalistas-intelectuais, em alguns casos, fundamentais. Não se fala de Flávio Tavares sem se remeter ao seu engajamento na luta armada. Da mesma forma, a reputação de Raimundo Pereira está intimamente associada ao seu trabalho na imprensa alternativa. Ele, inclusive, reconhece a "ajuda" que recebeu da ditadura na construção da sua carreira profissional: "Fui anistiado, mas nunca pedi nenhuma indenização. Não mereço nenhum tostão. Eu é que deveria pagar pelo favor que me fizeram" (*apud* Gonçalves e Veloso, 2007). Carlos Chagas ganhou seu primeiro Prêmio Esso de Jornalismo pelas reportagens publicadas em *O Globo* sobre a morte e a sucessão do general Costa e Silva. Carlos Heitor Cony (*apud Revista Playboy*, 1997) chega a se sentir incomodado pela reputação adquirida pelas crônicas publicadas no *Correio da Manhã*: "Existem pessoas que me conheceram [a partir] da imagem pública. Eu me tornei conhecido com minhas crônicas contra os militares, em 1964, então me tomaram como aquilo, quando não sou".

Apesar de contribuir para a construção da reputação dos entrevistados, o engajamento contra o Estado também requer que as pessoas paguem um preço por terem desafiado as condições de produção intelectual impostas pela ditadura. A consequência mais direta desses enfrentamentos é o corte de matérias "indesejáveis"[14] e a proibição de publicação de livros ou de determinada edição de um periódico. Mas aconteceram ainda a retirada do ar de programas de tevê, a apreensão de jornais nas bancas, ou de livros diretamente na editora. Outro procedimento comum era atrasar ou atrapalhar a edição e impressão do veículo, exigindo dos proprietários e diretores de redação o envio prévio dos originais para que a censura fosse realizada na sede da Polícia Federal, em Brasília. Todas essas ações acarretaram prejuízos financeiros e simbólicos para o produtor do jornal ou do livro.

Somam-se a isso atentados diretos contra a vida pessoal e profissional de jornalistas e de intelectuais de oposição: demissões, prisões, ameaças de morte, aberturas de processos pela Lei de Segurança Nacional, torturas, exílios ou banimentos. Todas essas atitudes tiveram consequências diretas nas trajetórias de Alberto Dines, Carlos Chagas, Carlos Heitor Cony, Flávio Tavares, Mino Carta, Raimundo Pereira e Zuenir Ventura.

---

14 Em um levantamento feito por Raimundo Pereira sobre o jornal *Movimento*, das 153 edições censuradas pelo jornal, foram cortadas pela censura 3.162 ilustrações e 3.093 matérias, sobretudo das editorias de política e editorial. O jornal, aliás, foi censurado desde o número zero, em 1975, quando a censura já havia saído da grande imprensa (*apud* Bernado Kucinski, *Jornalistas e revolucionários: nos tempos da imprensa alternativa*). Outro que reflete sobre o número de matérias cortadas é Carlos Chagas em uma entrevista ao blogue do Cacom: "Tive mais ou menos 200 artigos censurados".

Outros espaços de construção de reputação

Além dos intelectuais e do Estado, outros segmentos da sociedade tiveram importância fundamental na construção da reputação dos jornalistas-intelectuais entrevistados. Faremos aqui uma referência mais breve sobre as interações que eles realizam (ou realizaram) com críticos, editores, partidos políticos, movimentos sociais e sindicais, e também com seus alunos.

Os críticos

Os críticos desempenham um papel central no desenvolvimento do meio artístico e literário. Eles interiorizam um conjunto de regras importantes para a realização do trabalho intelectual, lidando diretamente com as definições estéticas vigentes em um determinado período. O aprendizado das regras do campo intelectual garante aos críticos uma posição privilegiada. Permite o julgamento sobre a qualidade de um trabalho, se ele deve ou não ser considerado arte, se deve ser classificado como alta cultura ou mero entretenimento. Ou seja, o que a crítica faz é estabelecer parâmetros institucionais de reconhecimento e de atribuição de reputação no meio intelectual.

As menções dos entrevistados aos críticos remetem justamente a esse papel. Um comentário de Juremir Machado da Silva (*apud* Costa, 2005, p. 169) explicita, por exemplo, a forma como o reconhecimento pelos críticos às vezes é tão importante quanto a aquisição de outros atributos sociais e intelectuais para a imposição de um estatuto: "Publiquei vários livros e deixei o jornalismo. Mas, para a crítica, continuo jornalista e nem sequer mereço, rigorosamente, a etiqueta de escritor. Há um preconceito contra o exercício de múltiplas atividades".

Outra forma de delimitar a reputação de um autor é por meio dos juízos emitidos sobre determinado livro. Nesse caso, a crítica pode influir decisivamente na visibilidade da obra e do escritor, bem como na percepção que os diferentes públicos podem ter da obra, conforme ilustram os depoimentos de Alberto Dines e Carlos Heitor Cony:

ALBERTO DINES Não é problema de modéstia. A crítica alemã existe, lá se faz crítica literária, aqui não. [...] Alguns críticos que examinaram o livro observaram justamente essa justaposição entre o retrato da entreguerras, entre 1920 e 1939, o Brasil nisso e o percurso do [escritor austríaco] Stephan Zweig. [...] Por sorte, eu botei a mão numa boa bibliografia, que me ajudou muito a compreender tudo isso. [...] Mas eu me surpreendi com um crítico alemão me elogiando.

CARLOS HEITOR CONY Não se falou muito de *Pessach: a travessia* na época em que foi lançado e, no caso de *Pilatos*, o silêncio foi total, nem uma linha na imprensa. Mas sempre fui muito criticado ou elogiado. Lembro-me de que quando saiu *O ventre* e me encontrei com o Guimarães Rosa, que era meu vizinho em Copacabana. "Guimarães Rosa quer falar com você" – ele falava na terceira pessoa... [ri]. E começou a falar do meu livro daquele jeito dele – o Guimarães falava mais ou menos como escrevia... Lá no fim, disse o seguinte: "Pois é, tem caviar e tem pão. Teu livro é caviar. Tem gente que não gosta..." Tem que saber ler o Guimarães Rosa. Ele não quis dizer que o meu livro era caviar, no sentido de uma coisa cara, refinada, sofisticada. Era uma advertência: muita gente não ia gostar de *O ventre*. Como realmente aconteceu. (*apud Revista Playboy*, 1997, p. 50)

Embora, em geral, os escritores se portem como se a crítica não influenciasse a concepção de determinada obra, os julgamentos que ela faz, sem dúvida, integram as escolhas realizadas no âmbito do mundo social. Aliás, o próprio ato de negar seus julgamentos é também uma forma de escolher. As avaliações dos críticos também afetam a reputação do escritor perante outros atores sociais (como o público e os editores). Nesse caso, existiria uma relação direta entre o que diz a crítica e a inserção dos autores no mercado artístico/editorial.

Os editores

Nas suas intervenções no meio literário, os entrevistados devem sempre recorrer a um grupo de pessoas ligadas ao mercado editorial, encarregadas de selecionar, corrigir, revisar e publicar livros: os editores. Os editores são importantes, pois lidam não apenas com as convenções que permitem julgar a obra do ponto de vista estético e intelectual (como fazem os críticos), mas também possuem conhecimento sobre a forma como essas convenções serão apreendidas pelo público. Por isso, sua ação é fundamental para entender os modos de inserção dos jornalistas-intelectuais no mercado editorial.

O trabalho de edição geralmente é associado aos indivíduos que trabalham, de fato, nas editoras, mas esse papel pode ser desempenhado informalmente por colegas e amigos. Como já havíamos afirmado, antes de publicar o romance *Capitu contra Capitu*, Adísia Sá chegou a submetê-lo à avaliação de Rachel de Queiroz e de Moreira Campos. O romance-reportagem *Cidade partida*, de Zuenir Ventura, foi previamente lido por Rubem Fonseca. Durante a entrevista, Carlos Heitor Cony contou que a amizade que tinha com o jornalista Paulo Francis e o valor que ele atribuía às opiniões do ex-crítico de teatro e comentarista das Organizações Globo garantiram o papel de primeiro leitor dos seus originais a Francis:

Quando eu conheci o Paulo, ele era o meu primeiro leitor. Eu dava os originais para ele ler. O sonho dele era ser ficcionista, mas não tinha... Ele não era *reflexivo*, era muito *inflexivo*. Gostava de botar rótulos. E era exagerado. Eu me lembro, por exemplo, quando o Saramago ganhou o prêmio Nobel, ele veio ao Brasil e recebeu muitas homenagens. O Paulo escreveu contra o Saramago: "Eu sou muito mais o Cony" [risos]. Porque era meu amigo. Por amizade, o Paulo Francis fazia qualquer vilania. (os grifos remetem às ênfases dadas por Cony durante a conversa)

Os jornalistas-intelectuais também se relacionam com representantes das editoras na hora de publicar um livro. Nesse caso, existem dois caminhos possíveis para o ingresso no mercado editorial, conforme relato informal de um dos entrevistados: procurar as editoras ou ser procurado por elas.

Segundo o entrevistado, as pessoas podem tomar a decisão e publicar um livro procurando a editora com os originais ou a proposta em mãos. Antes de tudo, deve-se estabelecer uma hierarquia das editoras por ordem de reputação e possível interesse pela obra. Depois, negociar, começando pelas de melhor reputação. Quando uma editora se recusa a publicar o livro ou quando a proposta oferecida não é interessante para o autor – do ponto de vista de direitos autorais, tiragem, distribuição etc. – passa-se para a empresa seguinte na lista.

Já o editor avalia o livro a partir dos critérios de venda, qualidade e reputação do autor perante o público e aos intelectuais. É cada vez mais importante a análise das condições econômicas de publicação da obra (Vende facilmente? Encalha? Que recursos precisam ser mobilizados para colocá-la nas prateleiras?). Como explicou Carlos Heitor Cony:

> Muitas vezes, as editoras faliram porque terminaram gastando o capital de giro com livros que vendem pouco. [...] O estoque vai se acumulando. Aí você pode entulhar a Baía de Guanabara de livros de estoque. Se você pegar os estoques das editoras, de todo o Brasil, dá para você ir a Niterói com o pé enxuto.

Ou seja, para que a produção editorial seja um negócio viável, é preciso dar preferência à publicação de obras que não encalhem. Após essa avaliação, os editores estipulam as condições de publicação do livro (tiragem, lançamento etc.). Do resultado dessas negociações, podemos estabelecer as formas de inserção de um escritor no mercado editorial. Podemos ilustrar essa situação com os depoimentos de Antônio Hohlfeldt e Carlos Chagas:

ANTÔNIO HOHLFELDT Eu fazia os comentários de literatura no *Caderno de Sábado*, ensaios mais longos e, em algum momento, me chamou a atenção que começava um movimento diferenciado de literatura infantil, com o lançamento de *Os colegas* de Lygia Bojunga Nunes, pela José Olympio, em 1972. E também da coleção Comunicação, do André Carvalho, em Belo Horizonte, que tinha a proposta de uma editora com textos infantis mais realistas. Na verdade, meu primeiro romance infantil *Porã* foi escrito para essa coleção, só que não mandei porque a coleção já tinha acabado, tinham fechado os dez títulos da primeira e da segunda série. O André me disse: "Olha, Antônio, eu queria, mas não vou fazer uma terceira série". Aí procurei outro lugar, apesar de o livro ter sido escrito para a coleção do André Carvalho.

CARLOS CHAGAS Preparado em maio de 1970, o presente livro [*113 dias de angústia*] apenas pôde ser editado e impresso em dezembro. Surgiram problemas de diversas espécies, o primeiro deles o de encontrar um editor com suficiente coragem para publicá-lo. Não foi fácil, apesar da peregrinação. [...] Para quase todos os editores que procurei, tratava-se de "cutucar a onça com vara curta", e, muito justificadamente, eles se eximiram. Afinal, não podiam arriscar-se a cair nas iras do Governo Médici. [...] Enfim, um querido amigo, Yedo Mendonça, recentemente falecido, proprietário da Editora Imagem, sucumbiu à tentação. Prontificou-se a editar o *113 dias de angústia* e arriscou. E perdemos, pois mesmo depois de cumprida as exigências legais [os originais foram submetidos à Polícia Federal, lidos e aprovados], o livro se viu arbitrariamente retirado das livrarias. (Chagas, 1979, p. 21)

Pequenas diferenças são observadas quando os entrevistados são procurados pelas editoras para publicar um livro. Nesse caso, a análise feita pelo editor sobre o *status* do autor, da obra e dos recursos que devem ser utilizados para o lançamento ocorre geralmente antes e durante o processo de negociação. Para isso, conta bastante a reputação do autor diante do público (como jornalista e escritor), seu estilo textual, a proposta de livro e a forma como o editor avalia tudo isso:

ZUENIR VENTURA Eu não pretendia escrever o livro *1968: o ano que não terminou*. Ele surgiu na minha vida porque num dia, em 1987, minha mulher se encontrou com o Sérgio Lacerda, que era o editor da Maior Fronteira, e que tinha sido o meu patrão no *Tribuna da Imprensa*. [...] Eles sabiam do meu interesse especial por aquela época, pelos anos 1960, até porque toda a minha geração, a geração que viveu essa década, considerou-a muito importante para a nossa formação cultural. Eu tinha uma espécie de fixação pelos anos 1960, especialmente por 1968, tinha vivido muito intensamente esse período. Ele disse: "O Zuenir podia fazer um livro sobre 1968, 20 anos depois". Foi assim que surgiu a ideia de fazer esse livro.

CARLOS HEITOR CONY Eu tenho alguns livros de crônica que a editora chega e diz: "Vamos publicar essas crônicas?" Se você pegar os dois últimos livros, a escolha das crônicas foi deles. Uma delas foi a Publifolha, que reuniu minhas crônicas publicadas na "Ilustrada". O outro foi uma proposta da editora Boitempo.

Com base nessas descrições, podemos entender como os editores participam da criação das convenções ligadas ao mercado editorial, definindo quais livros podem ou não ser publicados. Esse papel é desempenhado no processo de seleção de autores e das obras e também por meio de intervenções diretas em que o editor negocia com o autor aspectos da sua obra. Para o editor, é preciso publicar livros e autores que vendam ou – o que é cada vez mais raro – garantam notoriedade intelectual à editora. Esses também são os anseios do autor, com a diferença de que ele também está interessado em defender valores estéticos e intelectuais, associados ao processo de criação. Nesse caso, podemos dizer que o produto final é, em parte, resultado dessas negociações entre editores e autores.

No material coletado, pouco se falou de interferências diretas dos editores na produção dos livros. Em certo momento da conversa com Dines, percebemos que mudanças realizadas nas versões alemã e espanhola de *Morte no paraíso* consistiam em concessões editoriais, tendo em vista o público dos países onde o livro seria publicado. Em outras situações, é comum que os editores deem total liberdade ao escritor. Na verdade, o simples fato de darem essa liberdade também remete a um processo de negociação prévia. Podemos ilustrar tal situação com o caso de Zuenir Ventura (*apud* Zappa, 1998) ao falar da redação do romance *Inveja, o mal secreto*, feito em estilo *making of*:

> [A entrevistadora, Regina Zappa]: Esse estilo de narrativa foi elaborado ou surgiu naturalmente?
> [Zuenir]: Quando terminei o livro, a Isa (Pessoa, coordenadora editorial) e o Bob (Feith, editor da Objetiva) fizeram uma série de modificações de estrutura, de ordem de capítulo etc., misturando as histórias. Isso fez muito bem ao livro, dando uma dinâmica e um vigor à narração. Ficou então uma miscigenação interessante [...].
> [Regina Zappa]: Não houve nenhuma orientação por parte da editora em relação ao livro?
> [Zuenir]: Nenhuma. Tive total liberdade. Houve até um momento em que eu não sabia direito que tipo de livro eu tinha parido, o que ia sair dali.

Outra consequência dessa relação é a maneira como os editores influem – de forma decisiva, até – na reputação dos atores que ingressam no mercado editorial.

Durante a entrevista, Flávio Tavares explicou que a decisão da Editora Globo de inscrever o *Memórias do esquecimento* no Prêmio Jabuti foi fundamental para a consagração da obra e do autor. Em outros casos, a reputação da editora, sua capacidade de promover e distribuir a obra influem no sucesso de um autor, conforme ilustra depoimento de Juremir Machado da Silva:

> É adequado que os autores e os livros sejam avaliados, tenham um espaço, antes de tudo em função das editoras por que eles publicam? Se eu publicar pela Record, o meu livro tem um espaço no jornal, se eu publicar pela Sulina ele tem outro. E sou eu. E talvez o livro que eu tenha feito pela Sulina seja melhor do que o da Record, ou vice-versa.

Sindicatos, movimentos sociais, partidos e ideologias políticas

Em suas trajetórias, os entrevistados também intervêm e interagem com espaços de militância política, social e sindical. Essas relações delimitam as escolhas realizadas em termos de engajamento, que podem ou não ser integradas às carreiras profissionais. Elas influenciam também a reputação dos jornalistas-intelectuais. Em muitos casos, é a partir delas que um ator social é considerado comunista, conservador, liberal, progressista, reacionário, militante, alienado etc.

No caso de alguns entrevistados, as relações com esses movimentos são suficientemente fortes para influenciar decisivamente sua reputação. No caso de Adísia Sá, a associação entre a trajetória pessoal e a militância sindical é tão estreita que seu nome tornou-se uma referência obrigatória para os estudiosos do tema:

> Eu voltei para o jornalismo engajada nas entidades de classe. Antes de me profissionalizar, eu já era da Associação Cearense de Imprensa. Em seguida, quando me profissionalizei e tirei o registro, entrei no sindicato, fui a primeira mulher a nele me filiar e permaneci, por mais de doze anos, sendo a única mulher sindicalizada.

E, em outro momento: "Não se escreve sobre um sindicato, sobre a imprensa brasileira sem que passe por mim. Quer dizer, eu serei sempre um atalho" (Adísia *apud* Amorim, 2005, p. 57). Adísia, aliás, publicou dois livros sobre o sindicalismo no jornalismo brasileiro: *Biografia de um sindicato* (1981) e *O jornalista brasileiro* (1999).

Antônio Hohlfeldt é outro entrevistado cujas interações com sindicatos e com partidos políticos foi fundamental na definição da sua reputação. O interessante é a forma como as amizades e as competências adquiridas em diferentes instâncias delimitaram as escolhas e a circunstância em que ingressou no mundo político:

Na Unisinos [Universidade do Vale do Rio dos Sinos], como professor, eu participei da criação da associação de docentes. No jornalismo, entrei para a diretoria do sindicato junto com um velho líder sindical, o Lauro Hagman, vinculado ao Partido Comunista, numa gestão na qual o Antônio Brito [jornalista, ex-deputado federal, ex-ministro e ex-governador do Rio Grande do Sul] fez parte. [...] Ora, eu já tinha uma bela relação com o Olívio Dutra [que mais tarde seria governador do Rio Grande do Sul e ministro das Cidades], quando ele era o presidente do Sindicato dos Bancários e eu participava dos debates do Teatro de Arena, em Porto Alegre, que aconteciam no teatro do Sindicato dos Bancários. Eu tinha essa relação e acabei me aproximando do PT. A ideia era fazer política, o período era final dos 1970, início dos 1980. Na primeira eleição que o PT participa, em 1982, eu entro como candidato para experimentar. [...] E, realmente, no final de seis dias, sete dias, contaram os votos, eu fiz cinco mil e poucos votos, o PT fez vinte mil e pouco, eu era o mais votado e acabei entrando.

Outros entrevistados, em certa medida, também possuem algum tipo de relação informal com instituições políticas e movimentos sociais. Às vezes, uma amizade com um militante ou a afinidade por determinada ideologia é suficiente para construir uma reputação. É o caso das relações de Juremir Machado da Silva com o cronista Diogo Mainardi. E também do suposto envolvimento de Raimundo Pereira (*apud* Dirceu, 2006) com o Partido Comunista do Brasil:

> Tenho vontade de entrar num partido. Estou pensando em fazer uma proposta, primeiro para o PCdoB, porque todo mundo acha que eu sou do PCdoB. Preciso me livrar desse problema – de ter o problema de ser considerado do PCdoB, sem ter as vantagens de ser do PCdoB.

No extremo oposto, alguns entrevistados tiveram passagens esporádicas nessas instituições durante suas trajetórias, ocupando cargos em sindicatos (Alberto Dines) e associações políticas e profissionais (Carlos Chagas) sem que isso influenciasse de forma marcante nas suas carreiras profissionais e reputação.

Observando os demais entrevistados, percebemos como o não engajamento partidário ou sindical também marca suas inserções no mundo social. Nesse caso, a influência dessas entidades, do ponto de vista das escolhas nas trajetórias profissionais, está ligada a uma estratégia de imposição de um estatuto, de construção de uma reputação (como alguém apartidário, não ideológico etc.). O caso de Carlos Heitor Cony é bastante singular. Existe a crença – segundo ele, equivocada – de sua mudança de posição política: de um intelectual alienado ele teria se tornado um escritor engajado a partir das denúncias contra as arbitrariedades do golpe de 1964, feitas por meio das crônicas publicadas no *Correio da Manhã*. Mais tarde, passou a ser visto como um traidor das esquerdas no Brasil, quando publicou, em 1967, o romance *Pessach: a travessia*. Na obra, Cony narra a história do ingresso de um escritor em um movimento de guerrilha clandestina contra a ditadura que, no final, é traído pelo Partido Comunista Brasileiro. Essa reputação é tão arraigada e tão incômoda que em diversos momentos Cony (*apud Revista E*, 2004) faz questão de esclarecer o que considera um equívoco:

> No início da minha vida profissional eu me recusava a tratar de política, não entrava nem na minha ficção nem nas minhas crônicas. Só que veio 1964 (ano do golpe militar) e aí política passou a ser um assunto cotidiano para mim, com meus amigos todos presos, assim como eu também comecei a sofrer algumas violências. Assim a política virou meu cotidiano e entrou no meu trabalho. Mas não falo dela com muito gosto, não. Faço por uma questão de revolta, que foi muito marcada pelo golpe de 1964. Continuo achando a política um assunto muito desagradável.

E afirmou, ainda:

> A boa repercussão que teve a minha crônica [contra as arbitrariedades cometidas pelo então instalado regime militar] naquela época se deve a justamente isso: eu não tinha partido nenhum. Os jornalistas, naquele tempo, viviam uma dicotomia muito grande: ou era jornalista de esquerda ou de direita. [...] Nesse *intermezzo*, surgiu a possibilidade de um jornalista alienado como eu era – e como eu sou até hoje – de entrar e expor uma visão de mundo contrária à política dominante no momento, que era ditatorial, mas sem ser de esquerda ou ser de direita. Até hoje há esse equívoco a meu respeito, achando que eu era de esquerda, virei de direita, era de direita, virei de esquerda, mas, na verdade, até hoje eu não sou de esquerda, nem de direita. [...] Eu fiz isso de gaiato, deixando bem claro que eu considerava a esquerda um aglomerado de imbecis. [...] Havia a necessidade de liberdade, havia uma classe militar que estava oprimindo a massa, contra isso que eu me voltei. [...] Aliás, no meu discurso da Academia Brasileira de Letras [Cony, 2000a], eu fiz questão de dizer isso: "Eu não tenho disciplina para ser de esquerda – porque sempre fui indisciplinado, para aceitar regra de cima – e não tenho apego às minhas ideias como o pessoal de direita. Também não gosto de ser de centro, porque acho o centro oportunista. Então, para mim, só me resta ser um anarquista triste e inofensivo", que é o que eu sou. [...] Em 1964, se o golpe tivesse sido feito pela esquerda, se a esquerda tivesse feito os desmandos que fez a direita, eu estaria... Bom, aí eu não estaria vivo [...]. Está dito várias vezes na minha obra, eu acho a esquerda um aglomerado de imbecis.

Além da questão relativa à reputação, a imagem de traidor e reacionário rendeu a Cony inimizades dentro da esquerda brasileira, que tiveram efeitos diretos na sua trajetória. De acordo com ele, intelectuais do PCB, colocados em pontos--chave no meio editorial, boicotaram amplamente o escritor e o romance *Pessach* (Kushnir, 2000). Cony conta que a segunda edição do livro foi esquecida no depósito da editora e o seu nome passou a ser vetado nos suplementos dos jornais dirigidos ou editados por militantes de esquerda.

Outro entrevistado que prefere não associar sua reputação a um partido ou ideologia é Juremir Machado da Silva. Quando perguntamos sobre uma possível contradição entre sua amizade com o cronista Diogo Mainardi e as relações que mantém com intelectuais franceses (a maioria de esquerda), Juremir negou o caráter ideológico de suas amizades:

> Eu não sou ideológico, eu sou absolutamente não ideológico. Tenho relações intensas, amizades com pessoas que se dizem de direita, como com pessoas que se dizem de esquerda. Para mim, existem diferenças entre esquerda e direita, mas eu sou capaz de ter relações de amizades profundas com os dois campos. Não tenho incompatibilidade nenhuma.

As relações com movimentos e ideologias engendram, finalmente, situações distintas em termos de reputação e identidade. O peso da militância política para a construção de uma reputação no mundo social varia conforme o momento histórico. No período de 1950-1970, quando o clima de politização foi maior, o engajamento político, social ou sindical frequentemente era mais valorizado do que nas décadas seguintes, quando a importância desse tipo de militância declinou.

Os alunos

Para os entrevistados que já atuaram como professores universitários, as interações com os alunos são também mecanismos significativos de definição de identidade. Em uma relação previamente estruturada por papéis (docente-discente), o professor assume, desde o início, um estatuto que garante notoriedade social. O uso de títulos como "Mestre Zu" e "Professora Adísia", nesse caso, é bastante significativo, pois mostra como interessa a essas pessoas o reconhecimento como docente.

Ser professor de jornalismo implica participar da manutenção/subversão do sistema de convenções no mundo social, na medida em que se ocupa uma posição capaz de influenciar as novas gerações de jornalistas. Além disso, se o professor deixa uma boa impressão, isso contribui para a construção da sua reputação dentro do meio jornalístico e universitário. O contrário também acontece: uma má atuação como professor pode pesar negativamente na sua imagem.

Na apresentação de uma entrevista publicada no blogue do Centro Acadêmico de Comunicação Social da UnB, o aluno Gabriel Castro se refere a Carlos Chagas como: "talvez o professor mais querido da Faculdade de Comunicação da UnB". Em uma reportagem sobre Zuenir Ventura, o compositor e jornalista Nelsinho Motta (*apud* Horta e Priolli, 1989), ex-aluno de Ventura na Escola Superior de Desenho Industrial do Rio de Janeiro (Esdi), afirma que: "As aulas do Zuenir eram tão boas, tão interessantes, que larguei a Escola. Fui direto para o *JB* ser repórter, em 1967. E não reivindico isso, mas eu já o chamava de Mestre Zu naquela época".

Juremir Machado da Silva acredita que parte da sua legitimidade no jornalismo também deve ser atribuída às interações estabelecidas com os alunos e nos conta:

> Boa parte dos repórteres e do pessoal que está na redação do *Correio do Povo* foram meus alunos. [...] Hoje eles me chamam assim: "E aí, professor!" Isso muda um pouco o meu estatuto. Eu sou o professor que vai à mídia, que escreve crônicas, que opina, que tem uma legitimação diferente.

Já havíamos mencionado o caso de Adísia Sá, que atribuiu parte da sua legitimidade profissional às gerações que formou como docente. De fato, enquanto gravávamos a entrevista, uma ex-aluna, jornalista, ligou e, quando soube que Adísia seria tema desta pesquisa, dispôs-se a publicar uma nota sobre o assunto em sua coluna no jornal O *Povo*.

O julgamento da história

Alguns entrevistados também orientam suas escolhas tentando antecipar a forma como serão avaliados pelo que chamam de "posteridade" ou "julgamento da história" – algo que foi analisado com detalhes por Howard Becker (1982) na seção *Death and consecration* ("Morte e consagração") do seu livro sobre os mundos das artes. O sociólogo norte-americano explica que alguns artistas buscam organizar sua obra de acordo com a reputação que eles acham que vão adquirir no futuro. Eventualmente, tomam providências que impedem a destruição física de seus trabalhos. Podem também promover livros e produções que acreditam expressar melhor o sentido de sua obra. Ou ainda os que terão mais chances de ser consagrados no futuro.

No ato de redigir um livro ou uma reportagem, o autor dificilmente está ciente da reputação que tais produtos terão no futuro. As motivações que o levam a fazê-lo geralmente estão ligadas a dimensões específicas da produção artística: contar uma história, expor uma visão de mundo, experimentar esteticamente etc. Em muitos casos, é somente a partir da reação dos outros que a pessoa consegue dimensionar o *status* de uma obra dentro de sua carreira profissional. Em seguida, pode situá-la tendo em vista a posteridade – é quando surgem expressões como "trata-se de uma obra menor", "de uma continuação de trabalhos anteriores" ou "esse é o auge da minha obra". Podemos exemplificar essa assertiva com a avaliação feita por Flávio Tavares a respeito do seu livro de maior sucesso: "*Memórias do esquecimento* foi a minha catarse pessoal. [...] Depois, ele se transformou num livro que, segundo todo mundo, vai passar para a história".

Muitas vezes, uma pessoa que se considera notória pode ter a preocupação de preservar elementos da sua biografia e obra, por meio de um arquivo pessoal. Trata-se de uma forma de expressar o sentimento de realização e sucesso na carreira (para si e para quem tem acesso ao arquivo). Essa percepção de si induz a pessoa a criar mecanismos que facilitem recuperar, no futuro, sua trajetória. Segundo Becker (1982, p. 224), "o que sobrevive a essas escolhas constitui no *corpus* de trabalho no qual um artista ou gênero ou um formato, é conhecido, o que é perdido não contribui para nenhuma reputação".

Carlos Chagas, por exemplo, possui, em seu escritório, diversos tomos contendo todos os textos publicados ao longo da sua carreira jornalística. Na sala de estar de Adísia Sá, além da produção jornalística, literária e acadêmica, encontramos recortes de jornal sobre o seu jubileu como jornalista, depoimentos de pessoas, troféus e medalhas que recebeu. Ela nos diz: "Eu sou um pouco vaidosa, exponho meus troféus, minhas medalhas, mas eu digo sempre: 'Se eu não cuidar delas, quem vai cuidar?'" [risos]. E: "Chega a ser uma obsessão minha a preocupação com o julgamento da história. Não perco de vista ao falar ou ao escrever, que estou sendo ouvida, que serei lida e que responderei um dia por tudo o que disse" (Amorim, 2005, p. 70).

A identidade construída por meio de um mosaico

Neste capítulo, trabalhamos diferentes interações realizadas pelos jornalistas-intelectuais no âmbito do mundo social. Demos um tratamento propositadamente descritivo a essas relações. Tentamos encontrar explicações para o papel dessas pessoas na construção da reputação dos entrevistados, sem estabelecer relações causais. Não nos permitimos, por exemplo, afirmar que as relações de Raimundo Pereira com os movimentos sociais fazem dele um político ou que os atributos de Dines como intelectual situam-no dentro dessa categoria.

Quando analisamos uma história de vida, temos geralmente a impressão de que as ações são produtos de motivações individuais. As escolhas realizadas pelos atores e as mudanças nas carreiras profissionais aparecem, a princípio, como as mais coerentes tendo em vista a visão de mundo do indivíduo. O risco, nesse caso, é pensar que existiria uma racionalidade, um caminho natural na construção de identidade e das trajetórias pessoais. Na verdade, todas essas escolhas envolvem uma série de processos interativos, em que uma dimensão coletiva está sempre presente, seja nas conversas com os colegas de redação, seja no propósito de se engajar contra determinado regime político.

Ao opormos o modo como cada entrevistado define seu estatuto e prática com os processos coletivos de aquisição de uma reputação socialmente partilhada, evidenciamos a maneira como uma identidade aparentemente estável remete, na verdade, a uma infinidade de processos interativos. Durante todo o capítulo, observamos como essa dimensão coletiva da construção das identidades está pulverizada nos atores sociais que dialogam com os entrevistados, sendo negociada de diferentes maneiras com cada um deles.

Como em um mosaico, podemos dizer que esses contextos exigem da pessoa novas formas de se apresentar, algumas delas coincidentes ou cumulativas, outras distintas e mesmo contraditórias. Esse caráter fragmentário oferece uma descrição bastante adequada do mundo social, da sua extensão variável, que dialoga constantemente com diferentes domínios vizinhos. Resta-nos ainda aplicar a essas análises uma dimensão temporal para compreendermos como a identidade dos jornalistas-intelectuais se situa historicamente. Esse é o tema do próximo capítulo.

7. OS JORNALISTAS-INTELECTUAIS E AS TRANSFORMAÇÕES NO JORNALISMO BRASILEIRO

Nos capítulos anteriores, trabalhamos o processo de construção das identidades dos jornalistas-intelectuais a partir da organização das histórias de vida durante as entrevistas com o pesquisador e nas negociações coletivas produzidas no âmbito do mundo social. A análise deste capítulo nos permite explicar melhor a forma como essas interações dialogam com o processo de criação de novas convenções que vão transformar, segmentar ou perenizar o mundo dos jornalistas. Trata-se, portanto, de nos centrarmos na dimensão estrutural das histórias de vida dos jornalistas-intelectuais.

Optamos por operacionalizar nossa proposta adotando a linha desenvolvida por Howard Becker (1982) para as transformações na base convencional dos mundos das artes. O autor trabalha os processos que resultam em mudanças evolutivas ou revolucionárias dos mundos sociais e também de fenômenos localizados de segmentação, que atingem um grupo restrito de atores e práticas.

Ao admitirmos a existência de confluências nas redes sociais partilhadas por jornalistas e intelectuais devemos mudar o nosso foco sobre o modo como esse grupo se insere nas mudanças que afetam o meio jornalístico. É necessário estender nossa análise para espaços contíguos à atividade jornalística, como o meio universitário, político e cultural. A ideia é entender como essa evolução mais ampla explica o processo de distinção entre duas categorias que, a princípio se misturavam: jornalistas e intelectuais. Em um segundo momento, buscaremos aplicar essa análise à compreensão das identidades e práticas dos jornalistas-intelectuais.

As mudanças nas relações entre jornalistas e intelectuais

Ao trabalhar com as mudanças que afetam determinados mundos sociais, é preciso observar as transformações nas atividades de cooperação e na linguagem convencional que marcam esses espaços. Dependendo do teor dessas mudanças, é possível falar em alterações gradativas ou de caráter revolucionário. Tais transformações podem ter origem na difusão de novas tecnologias e conceitos ou na introdução de uma nova audiência, por exemplo. Como consequência, observam-se alterações do ponto de vista ideológico e organizacional de uma atividade.

Partindo desses pressupostos, podemos dividir as transformações nas relações entre o meio jornalístico e intelectual no Brasil em três momentos:

1. Um marco inicial de definição identitária, com a criação de um conjunto de convenções e uma representação social que possibilitam estabelecer parâmetros para a atividade jornalística. E ainda o princípio de uma delimitação estatutária, sem que isso acarrete um fechamento formal das fronteiras profissionais com os intelectuais (período 1945-1968).
2. Um processo gradativo de reorganização das redes de cooperação no meio cultural, com a criação de modos de acesso e de sistemas próprios de consagração e ascensão nas carreiras profissionais de jornalistas, artistas, professores etc. (de 1969 até meados da década de 1970).
3. A consolidação dessas mudanças pela formação de redes de cooperação autônomas (de produtores, financiadores, público etc.) e também pela interiorização e reificação de um conjunto de ideologias calcadas no profissionalismo, na delimitação de atividades que compõem o âmago dos diferentes mundos sociais (a partir do final dos anos 1970).

Todos esses processos foram vivenciados pelos entrevistados, embora as diferenças geracionais impliquem formas distintas de compreensão e participação. Nossa análise permite entender como essa história é reconstruída pelos jornalistas-intelectuais e como eles atribuem um significado a essas mudanças. As entrevistas também nos ajudarão a reconstruir determinados episódios desse processo de transformação no meio cultural brasileiro.

Primeiro ato: os novos contornos da atividade intelectual no Brasil

O período que vai do fim do Estado Novo (1946) à decretação do Ato Institucional n° 5 (1968) é considerado um marco para o meio intelectual e para o jornalismo brasileiro. É nesse momento que se iniciam as mudanças nas bases convencionais que vão delimitar os novos contornos da produção de cultura, como será analisado a seguir.

Política e cultura nos anos 1950 e 1960

Já é lugar comum na sociologia e na história dos intelectuais brasileiros situar esse período como um momento de efervescência política e intelectual, uma espécie de divisor de águas da cultura nacional. Sentimento, aliás, partilhado por alguns entrevistados. É o caso de Raimundo Pereira:

Naqueles anos, começo dos anos 1960, havia um ambiente de muita politização. Era meu caso, embora fosse um envolvimento mais pelo lado literário, cultural. [...] Eu era uma pessoa que gostava de escrever, gostava de literatura, de teatro e foi por esse caminho que me tornei redator da imprensa.

E também de Flávio Tavares:

Todas as grandes conquistas intelectuais brasileiras são dessa época, do final do governo Juscelino, início do governo Jânio Quadros, depois todo o governo João Goulart. [...] Foi uma época de descobrimento cultural, intelectual e científico muito grande. O país realmente desabrochou.

O que há de particular nesse período é a convergência entre cultura, política e o projeto de uma modernização à esquerda da sociedade, baseado na crença de que o Brasil vivia uma revolução socialista em curso. No plano intelectual, isso se refletiu em um reforço às teorias nacionalistas e desenvolvimentistas nas ciências sociais e na busca de uma identidade nacional em que se valorizava o povo brasileiro e suas raízes, rompendo, assim, com os padrões de produção anteriores, ligados às oligarquias tradicionais.

Para Marcelo Ridenti (2003), a principal particularidade do "romantismo revolucionário" desse período está justamente no fato de o projeto modernizador de sociedade, calcado na recusa do modelo capitalista, buscar no povo o modelo de novo homem socialista. Essa aspiração se estendia nas diferentes manifestações culturais de vanguarda – arquitetura, artes plásticas, literatura, música e cinema – que tinham em comum a preocupação de fazer uma reflexão crítica sobre a produção existente e a aspiração de construir o novo.

É nesse contexto que podemos situar o processo de reformulação das ciências sociais no Brasil como ponto de partida para uma releitura e reinterpretação da condição do país, sobretudo por meio da incorporação de teorias marxistas ou ligadas ao marxismo cultural. O marco fundador dessa mudança foram os "Seminários Interdisciplinares de Leitura sobre *O Capital*", realizados a partir de 1958, sob a coordenação de Florestan Fernandes com a participação de jovens pesquisadores como Octavio Ianni e Fernando Henrique Cardoso. A mudança no meio acadêmico permitiu uma ruptura com as interpretações funcionalistas da sociedade ou ligadas à ideia de mestiçagem do povo e da cultura brasileira, dando lugar a noções como subdesenvolvimento e dependência.

Essa configuração se refletia ainda nas manifestações políticas e culturais das décadas de 1950 e 1960. Primeiro, com a aproximação entre as organizações intelectuais e os movimentos de esquerda. Buscava-se, na verdade, difundir e operacionalizar o aspecto cultural de uma revolução supostamente em marcha. Nessa época, proliferaram diversas iniciativas para transformar a cultura em um instrumento revolucionário de conscientização das massas, como os Centros Populares de Cultura, o Movimento de Educação de Base, o Movimento de Cultura Popular difundido pela Igreja Católica, a difusão da pedagogia de Paulo Freire e o teatro engajado promovido pela União Nacional dos Estudantes (UNE).

Esse sentimento pré-revolucionário se intensificou no governo do presidente João Goulart, com o aumento da participação da esquerda nos rumos da política nacional. A partir desse período, passaram a orbitar em torno do Estado atores ligados ao Partido Comunista, ao Comando Geral dos Trabalhadores (CGT), à UNE e ao Instituto Superior de Estudos Brasileiros (Iseb). Além disso, o governo Goulart se apropriou de algumas bandeiras ligadas aos setores progressistas, sobretudo na sua mobilização em torno das "reformas de base": agrária, bancária, administrativa, fiscal, urbana, escolar, jurídica e trabalhista.

O golpe militar de 1964 foi justamente uma reação dos setores conservadores e de parte da própria intelectualidade a essa esquerdização do Estado brasileiro. Com o golpe, passou-se a utilizar da violência política – censurando a produção artística, apreendendo livros, cassando direitos políticos – para expurgar certas ideologias subversivas da cultura e da política nacional[15]. Embora tenha eliminado a possibilidade de uma revolução ou de uma transformação da sociedade feita a partir do Estado, a ditadura não representou, para uma parte da intelectualidade, uma ruptura imediata no sentimento de romantismo revolucionário. Formas de manifestação política e intelectual da década de 1950 ainda perduraram nos primeiros anos do regime e foram interrompidas somente com a instituição do AI-5, em 1968[16].

Os anos 1950-1960 na imprensa: revendo a hipótese da profissionalização do jornalismo

O período entre 1946 e 1968 também afetou profundamente o jornalismo brasileiro. Diferentes vertentes da história da imprensa no país tendem justamente a descrevê-lo como o momento que marca o fim de um jornalismo romântico, boêmio, conduzido por diletantes, atrelado a grupos políticos. O jornalismo se transformava, a partir daí, em uma atividade empresarial. São características dessas mudanças o início do processo de profissionalização dos jornalistas, a reconfiguração das rotinas produtivas, a introdução de novas práticas e uma nova linguagem jornalística.

Nessas circunstâncias se situam as três grandes reformas da imprensa brasileira. No âmbito da linguagem, a introdução do lide, da pirâmide invertida e dos

---

15 Um bom retrato desse momento é feito por Elio Gaspari, em *A ditadura envergonhada*.
16 Sobre o assunto ver também a descrição feita por Zuenir Ventura em *1968, o ano que não terminou*.

manuais de redação é atribuída à iniciativa pioneira do *Diário Carioca*. O *Última Hora*, de Samuel Wainer, por sua vez, inovou na maneira de informar e opinar, produzindo um jornal vibrante, voltado para as classes populares. Como pagava melhores salários aos jornalistas, Wainer contribuiu também para o processo de profissionalização da categoria. Finalmente, as reformas realizadas no *Jornal do Brasil*, iniciadas por Reynaldo Jardim em 1956, prosseguidas por Odílio Costa Filho, e finalizadas por Alberto Dines, a partir de 1962, alteravam a qualidade gráfica e a estrutura interna das redações. Foi ainda nesse período que se fortaleceu o primeiro grande grupo midiático nacional, os Diários Associados.

Não cabe aqui rever e detalhar todas essas inovações, mas identificar como elas podem se associar ao nosso objeto de trabalho. A teoria e o senso comum geralmente situam esse momento como o início da mudança do jornalista beletrista, intelectual, para uma categoria profissional, calcada em novos padrões técnicos. Esse é também o entendimento de alguns entrevistados, como Carlos Heitor Cony:

> Os jornalistas, naquele tempo, seguiam mais próximos do intelectual no sentido amplo porque eles tinham que criar alguma coisa, devido, justamente, a essa enxúndia do texto. A partir dos anos 1950, os padrões da imprensa americana tomaram conta do mercado.

De Zuenir Ventura (*apud* Travancas, 1992, p. 64): "Era a época do jornalismo boêmio, sem horário nem disciplina, com jeito anárquico e muita liberdade. Não havia a imposição industrial do tempo e do espaço. Era como se cada um fizesse o que queria"; e de Alberto Dines: "Talvez nesse período de ouro, em 1952, o jornalismo tenha se separado da literatura, justamente para se organizar tecnicamente, estabelecer padrões técnicos, ele vira um ofício mecânico".

Se aceitarmos completamente essa explicação, poderíamos chegar à conclusão de que o jornalismo teria deixado de ser uma atividade intelectual, ou praticada por intelectuais, para se tornar uma profissão autônoma ainda em meados da década de 1950. Tal compreensão, evidentemente, geraria uma série de contradições. Antes de tudo, entraria em conflito com o modelo de jornalistas-intelectuais que estamos trabalhando e com as conclusões estabelecidas a partir da análise das suas histórias de vida.

Essa visão ignora ainda as relações nada empresariais dos proprietários dos jornais com o Estado, bem como a sua tomada de posição em eventos significativos da história do país. Contradiz também o próprio clima cultural do Brasil naquele período. De fato, como conciliar a excessiva politização das vanguardas artísticas e intelectuais no Brasil com a tendência do jornalismo de se fechar em torno da técnica?

Por isso, para compreendermos melhor a complexidade desse processo, é preciso explorar certas falhas encontradas na hipótese de uma separação total entre jornalistas e intelectuais no Brasil. Recorreremos, nesse caso, a duas ordens de explicação: a tese defendida por Denis Ruellan (1993) sobre as imperfeições do processo de profissionalização do jornalismo; e a ideia de que a configuração da ordem política e intelectual no período levou à criação de novas convenções no jornalismo e de uma substituição "apenas parcial" das suas redes de cooperação. De fato, essas mudanças evoluíram de forma mais lenta e só foram finalizadas nos anos 1980. Trabalharemos conjuntamente essas duas vertentes na análise que se segue.

O jornalismo, de fato, transforma-se...

Segundo Howard Becker (1982), para que uma transformação de mundo social seja considerada revolucionária, ela deve reorganizar todo o sistema convencional e as bases de cooperação entre as pessoas que participam das suas atividades. Do ponto de vista das convenções, aconteceu, nessa época, uma renovação radical na forma de se fazer o jornal. Esse foi o resultado das reformas e inovações já analisadas. Assim, "a imprensa ganhava valores estéticos próprios e seus próprios mecanismos internos de consagração" (Costa, 2005, p. 100).

Do ponto de vista das redes de cooperação, houve a substituição de boa parte dos jornalistas, incapazes de dominar os novos padrões técnicos, estéticos e tecnológicos recém-introduzidos. O jornalismo deixava de ser considerado um "bico", um emprego suplementar, e passava a ser exercido por profissionais: "Aos poucos foi desaparecendo a figura do aventureiro, que fazia do jornalismo apenas um lugar de reconhecimento ou que buscava no jornal a possibilidade de ascensão social através de negociatas, suborno ou chantagem" (Ribeiro, A. P. G., 2003, p. 6). Esse processo é ilustrado, em diferentes depoimentos, por Carlos Heitor Cony. Ele descreve mudanças ocorridas nas redações por ocasião da substituição de antigos jornalistas – dentre eles o seu pai, Ernesto Cony – por uma nova geração, já adaptada às mudanças na prática jornalística:

> A geração do meu pai tinha um apelo de boêmia [...] Era uma boêmia romântica. O cara gostava de ficar na rua até tarde, frequentava cabarés e cafés. O jornal não tinha hora pra sair, o expediente ia até de madrugada. Essa geração foi aposentada pela máquina de escrever. (*apud* Costa, 2005, p. 195)

> Nem a "antiga" linguagem, nem o "antigo" conteúdo poderiam ser aceitos em jornal modernizado que disputava o mercado com outros veículos como o rádio, a televisão e os concorrentes, que despiam a roupagem amadora e romântica para se transformarem em empresas. (2000b, p. 194)

Após as mudanças convencionais e a substituição dos jornalistas, seguiu-se um ataque ideológico à antiga ordem. O paradigma da objetividade introduzido nas redações é um bom exemplo disso. Trata-se de um modo de distinguir o jornalismo de outras atividades – como a política e a literatura – e de garantir suporte ideológico às novas práticas de apuração e redação dos textos noticiosos. Esse é também o papel dos manuais de redação e dos copidesques. Por meio desses instrumentos, veiculou-se uma crítica contundente ao velho estilo textual, ao nariz de cera, à linguagem adjetivada, ao beletrismo literário. Ao mesmo tempo, passou-se a associar a defesa dos novos padrões aos valores do profissionalismo.

... mas o mundo dos jornalistas não se limita aos jornalistas

Se o mundo dos jornalistas fosse composto apenas por jornalistas, talvez fosse possível estabelecer, ainda nessa época, uma separação definitiva entre os meios jornalístico e intelectual. Quando ampliamos nossa análise aos demais atores sociais que participam das escolhas, convenções e reputação dessa atividade, é possível entender que o processo de transformação do estatuto profissional dos jornalistas ocorre, mas de forma imperfeita.

Uma mudança radical em um mundo social exige, antes de tudo, a criação de uma nova audiência. A literatura corrente estabeleceu uma relação entre as transformações no jornalismo da primeira metade do século XX com o processo de industrialização e a emergência de uma classe média urbana no Brasil. Mais do que opiniões políticas e divagações literárias, essa nova audiência exigia informações sobre a atualidade, apresentadas de forma direta e objetiva. Por isso, jornalistas da antiga geração, além dos escritores e políticos, não seriam mais necessários nas redações.

Mas se, em sua maioria, o público apoiou essas mudanças, isso não significou que o caráter literário, político ou acadêmico tivesse desaparecido por completo dos jornais. Certas iniciativas distintas do padrão lide-pirâmide invertida foram aceitas pelo público e concorreram para manter alguns intelectuais dentro das redações. É o caso dos gêneros opinativos e dos suplementos literários.

Observa-se ainda resquícios da intervenção no jornalismo de grupos e instituições ligadas ao meio político e intelectual. Esses grupos ainda colaboram ativamente com o mundo dos jornalistas. Na verdade, ao mesmo tempo em que a imprensa buscou objetivar sua linguagem e profissionalizar parte do seu contingente, ela se envolveu ativamente nas discussões políticas e culturais que marcaram a época. Bernardo Kucinski (1998), no livro *Síndrome da antena parabólica*, explica que, nesse momento, a imprensa teria realmente assumido no Brasil a função de espaço público, uma arena de enfrentamentos políticos, constituída por um grupo de jornais altamente ideologizados e combativos, embora a informação tivesse de ser a matéria-prima principal para a construção do noticiário. É notória a posição do *Última Hora*

– socialista, trabalhista e nacionalista – frente ao liberal *Correio da Manhã* e aos conservadores *O Estado de S. Paulo* e *Tribuna da Imprensa* nos debates que permearam as décadas de 1950 e 1960. Aliás, a politização não era restrita à grande imprensa. Em um contexto em que a esquerda buscava influenciar o Estado e a sociedade, era natural que suas organizações também constituíssem veículos próprios, conforme explica Raimundo Pereira: "Mesmo sem estar legalizado, o Partido Comunista teve vários diários, com grandes jornalistas, nomes da cultura brasileira até hoje, tipo Jacó Brendel, Jorge Amado etc. Fazia jornais em vários lugares, São Paulo, Rio, Salvador".

Os momentos que precederam o golpe potencializaram a polarização entre os setores políticos e culturais. A imprensa não só ecoou esse processo, como participou ativamente dele. O *Correio da Manhã*, por exemplo, foi um dos defensores da posse do presidente João Goulart em 1962. Dois anos mais tarde, participou do golpe. Alguns editoriais que publicou na época, como o "Basta!" e o "Fora!" evidenciam esse fato. Logo em seguida, o próprio *Correio* foi o primeiro a denunciar a violência do novo regime, publicando diariamente nas suas páginas casos de tortura.

Outros espaços de expressão opinativa também ecoaram os posicionamentos políticos dos jornais da época, como nos explica Flávio Tavares:

> Se lermos as minhas colunas na época, elas são isentas. [...] Como o Carlos Castello Branco, do *Jornal do Brasil*, também era isento. Se bem que o Castello Branco, na isenção dele, sempre tinha o que se chamava de "viés da UDN", que era um partido da época, liberal-conservador. Como as minhas colunas, que tinham o viés de esquerda.

No plano da produção cultural, a sociabilidade existente entre jornalistas e intelectuais também reforçou aspectos de uma fronteira parcialmente aberta. Cristiane Costa (2005) explica, por exemplo, como o *Jornal do Brasil*, um dos veículos protagonistas das reformas profissionalizantes no jornalismo brasileiro nos anos 1950-1960, foi também o palco de discussões que marcaram as vanguardas artísticas daquele período. O *JB* publicou, no seu suplemento dominical, textos de escritores como Ferreira Gullar, Mário Faustino, Reynaldo Jardim, Carlos Heitor Cony, Clarice Lispector, Carlinhos de Oliveira, além de jovens intelectuais, como o cineasta Glauber Rocha.

As análises que realizamos no capítulo anterior também apontam para essa sociabilidade comum e para a forma como ela marcou a biografia dos entrevistados. A verdade é que naqueles anos, 1950 a 1960, jornalistas e intelectuais não estavam prontos ou não tinham interesse em uma separação definitiva entre suas identidades, pois:

> Muitos escritores ainda eram jornalistas e muitos jornalistas se aventuraram na vida literária. As duas atividades eram muito próximas e o contato entre elas, inevitável. Na

realidade, literatura e jornalismo pertenciam a um mesmo sistema de bens simbólicos, que só se separaram (e adquiriram uma autonomia relativa) na medida em que foram capazes de constituir mercados distintos, associados a lógicas produtivas diversas. (Ribeiro, A. P. G., 2003, p. 12)

Um olhar sobre o ambiente político e cultural da época e os eventos que levaram ao golpe de 1964 sugere que o engajamento intelectual ainda estava bem presente nos diversos setores da sociedade. Além disso, mesmo que não ambicionassem seguir carreira literária a partir da imprensa, muitos jornalistas ainda partilhavam da cultura letrada da geração anterior.

Finalmente, embora as mudanças no mundo do jornalismo apontassem para a expulsão dos diletantes, não haviam sido criados ainda espaços institucionais que possibilitassem a profissionalização dos diversos grupos intelectuais. Por isso, a imprensa continuava sendo um veículo de atuação dessas pessoas. Ela remunerava e permitia que o intelectual expressasse suas opiniões. Não temos, é claro, a pretensão de afirmar que o espaço público da época era ocupado apenas pela grande imprensa. Mas, na medida em que o perfil do intelectual também se transformava, deixando de ser o de funcionário público, vinculado ao Estado (sobretudo depois do golpe), para se dotar de valores como autonomia e liberdade de intervenção, começava a haver a necessidade de se construir novas frentes de atuação política (Czajka, 2004). Nesse processo de reestruturação, a imprensa transformava-se em um novo espaço de articulação dos intelectuais, como ilustra a convocação contra o regime feita por Carlos Heitor Cony (*apud* Czajka, 2004, p. 47) por meio do artigo "A hora dos intelectuais", publicado no jornal *Correio da Manhã*, ainda em 1964:

Acredito que é chegada a hora de os intelectuais tomarem posição em face do regime opressor que se instalou no País. Digo isso como um alerta e um estímulo aos que têm sobre os ombros a responsabilidade de serem a *consciência da sociedade* E se, diante de tantos crimes contra a pessoa humana e contra a cultura, os intelectuais brasileiros não moverem um dedo, estarão simplesmente abdicando de sua responsabilidade, estarão traindo o seu papel social e estarão dando uma demonstração internacional de mediocridade moral [...]. Estão sendo presos ou perseguidos sacerdotes, professores, estudantes, jornalistas, artistas, economistas, todos os escalões da vida nacional. Os cárceres continuam cheios e, sem falar nas abomináveis cassações de mandatos, novas prisões são feitas, todos os dias.

No campo estritamente cultural implantou-se o Terror. Reitores são substituídos de suas cátedras e presos. O pânico se generalizou por todas as classes e por todas as cidades. A qualquer hora se pode bater um policial à porta e levá-lo – sabem Deus e a Polícia para onde. Os intelectuais brasileiros precisam, urgente e inadiavelmente, mostrar um pouco mais de coragem e de vergonha. Se os intelectuais não se dispuserem a lutar agora, talvez muito em breve não tenham mais o que defender.

Contextualizadas dessa maneira, as décadas de 1950 e 1960 podem ser vistas como o momento de estopim de um processo mais longo de reconfiguração do mundo dos jornalistas e das atividades políticas e culturais no Brasil. Contudo, nesse período, as fronteiras entre esses dois campos ainda não haviam sido estabelecidas com clareza.

Entreato: oposição ao regime e construção de espaços institucionais de exercício intelectual

No período que vai da instituição do AI-5, em 1968, ao início da distensão do regime militar, o processo de profissionalização e separação entre jornalistas e outros grupos intelectuais começou a se consolidar. Não é especificamente um momento de ruptura. Na verdade, foi o surto de imprensa alternativa que se intensificou nesse período, observando-se, em termos de organização das redes cooperativas do jornalismo, uma evolução do quadro iniciado na década de 1950-1960. Não obstante, jornalistas, artistas, professores e militantes ainda conviviam. Outra característica desse período, como se verá a seguir, são as ambiguidades da política cultural instituída pela ditadura, que censura e reprime, mas, ao mesmo tempo, investe e incentiva a produção intelectual.

Um novo modo de acesso ao jornalismo

O processo de profissionalização do jornalismo, iniciado nos anos 1950, terá continuidade nas décadas seguintes. Na imprensa, a gestão de Alberto Dines no *Jornal do Brasil* introduziu inovações na forma de administrar a redação e organizar a produção jornalística. Até então, "o jornal era feito muito personalisticamente. Às vezes havia conversas com dois, três, mas não havia a sistemática de criar um produto em conjunto, de fazer uma criação coletiva" (Dines *apud* Abreu e Lattman-Weltman, 2003, p. 86). Nessa época, começaram a ser introduzidos mecanismos empresariais de gestão do jornal, como a política de cargos e salários. Observaram-se ainda mudanças na estrutura das redações, que passaram a ser divididas por editorias. Jornalistas também começaram a se reunir periodicamente com o objetivo de organizar a produção do noticiário. Todas essas inovações teriam contribuído para dar ao jornal o aspecto de produção coletiva, racionalizada e profissional, como explicou Dines:

> Desde os primeiros momentos no *Jornal do Brasil*, eu me preocupei muito com a organização da redação, que sempre foi muito caótica na imprensa brasileira. [...] Criamos categorias de repórteres para resolver os problemas de salários e criamos fluxos para

que o trabalho fosse mais rápido, porque o jornal, naquela época, era feito duas vezes, o repórter escrevia e depois o copidesque reescrevia, se perdia um tempo enorme. Criamos fluxos mais rápidos e subdividimos a redação em mais editorias. Criamos várias editorias para ampliar o espaço de cobertura. [...] Como você tinha um comando muito bem distribuído, você tinha editores, subeditores, tudo isso ajuda a balancear, a não deixar vácuo.

É nessa mesma época que se estruturam os serviços de assessorias de imprensa e tem início a indústria dos *press-releases*. Outro fato que deve ser destacado é a ascensão da televisão no cenário midiático brasileiro, processo que é subsidiado pelo próprio regime, por meio de investimentos em infraestrutura e tecnologia.

Devemos também destacar a instituição do Decreto-Lei nº 972/69 (Brasil, 1969), que criou o registro profissional dos jornalistas, por uma junta militar, em 1969[17]. Tal legislação reiterou o processo de diferenciação dos jornalistas dentro do meio intelectual, introduzindo uma definição explícita do âmago dessa atividade. Seu artigo 3º vai justamente situar a empresa jornalística como aquela encarregada pela "distribuição do noticiário". Partindo dessa conceituação, o decreto-lei buscava estabelecer condições para o ingresso no jornalismo – o que é, aliás, reforçado pela introdução da obrigatoriedade do diploma. Tratava-se, nesse caso, de evitar que outros profissionais liberais exercessem essa atividade, a não ser sob o estatuto de colaborador. É o que explica Adísia Sá, uma das jornalistas envolvidas nos debates que culminaram na criação do registro profissional:

Eu fiz parte do grupo no Rio Grande do Sul que elaborou o texto do Decreto-Lei nº 972, que cria o curso de jornalismo. "Vamos colocar a figura do colaborador!" Eu era tão radical que disse: "Não, senhor! Tudo tem que ser feito por jornalista!" "Adísia, nós temos que criar porque, às vezes, é um engenheiro, é um médico." Então, criamos a figura do colaborador, aquele que escreve dentro da sua especialidade.

A instituição do registro profissional é resultado da confluência de interesses do Estado e das entidades sindicais ligadas aos jornalistas (Le Cam e Ruellan, 2004). O regime, seguindo a política de repressão e de investimentos na produção cultural, acabou concedendo aos jornalistas um dos estatutos profissionais mais favoráveis do mundo. Foi também uma forma de suprir as demandas da indústria cultural em expansão, fornecendo-lhe mão de obra qualificada e barata. Foi ainda uma reivindicação de alguns jornalistas que, como Adísia Sá, participaram da elaboração do texto do decreto-lei.

---

17 O decreto foi revogado em 17 de junho de 2009 pelo Supremo Tribunal Federal.

Além de permitir o fechamento da fronteira profissional aos diletantes, a exigência do diploma eliminou das redações as pessoas que exerciam a atividade jornalística como segunda ocupação, dividindo-a geralmente com o serviço público: "E era barganha de espaço porque o cara editava ou escrevia sobre o tema no qual ele trabalhava lá no emprego público. [...] Eu acho que o diploma, nesse sentido, criou o piso, criou alguns controles maiores, melhorou, sem dúvida nenhuma", explica Antônio Hohlfeldt. Mudança que também está presente na fala de Carlos Chagas:

> O diploma deu dignidade à profissão, deu unidade à profissão, coisa que os patrões não querem. Os patrões querem é poder convidar o filhinho do amiguinho do seu filho para ir trabalhar lá, mas sem nenhum compromisso com a ética, com os próprios conhecimentos de jornalismo.

Outra consequência das relações entre jornalistas e o Estado nesse período é a maneira como o engajamento contra o regime garantiu prestígio à profissão ao ser associado à luta pelas liberdades democráticas. Do ponto de vista do discurso sobre o jornalismo, observamos um movimento oposto à ideia de que a profissão estaria ganhando contornos próprios, fundamentados apenas na ideia de uma competência técnica. A resistência ao regime, na verdade, representou uma sobrevida na vocação política do jornalista que, ao lado dos militantes e intelectuais da oposição, tornou-se um dos grandes protagonistas da época.

No campo da literatura, observamos essa mesma ambiguidade. Apesar da consolidação das técnicas jornalísticas, esse é um período marcado pela emergência de revistas de grande reportagem, como a *Realidade*, cujos textos poderiam ser classificados hoje como integrantes do gênero jornalismo literário. E também de um surto neorrealista na literatura protagonizado por jornalistas-escritores, como: Aguinaldo Silva, Antonio Callado, Antônio Torres, Carlos Heitor Cony, Carlinhos Oliveira, Edilberto Coutinho, João Antonio, João Ubaldo Ribeiro, José Louzeiro, Ignácio de Loyola Brandão, Ivan Ângelo, J. J. Veiga, Luiz Vilela, Paulo Francis, Roberto Drummond e Valério Meinel. Eles se utilizavam dos livros para contar eventos que não podiam ser publicados na imprensa periódica. Assim, a literatura, mesmo censurada, passava a ocupar a "função jornalística de informar", pois,

> em meio à ditadura, esses romances falavam a um público interessado em buscar na literatura uma representação da realidade que não conseguia espaço nos meios de comunicação. Construídos literalmente com retalhos de jornal – apuração, notícias, manchetes do dia, telex de agências internacionais, contavam a história que não podia ser escrita. (Costa, 2005, p. 196)

A consolidação da indústria cultural no Brasil

No plano mais abrangente da intelectualidade brasileira, a publicação do AI-5 representou um duro golpe no imaginário das esquerdas, pois colocou um fim nas ambições de uma transformação política do país a partir do Estado. O regime se voltou justamente contra as instituições envolvidas nesse processo de politização da sociedade, promovendo a desintegração dessas entidades. Foi o que aconteceu com o Centro Popular de Cultura (CPC), a UNE, o Iseb e vários movimentos culturais, como o teatro engajado.

Observa-se, assim, uma ruptura entre a teorização sobre o papel social dos intelectuais e as formas possíveis de militância política durante a ditadura (Czajka, 2004; Ridenti, 2003). Os modos de intervenção intelectual à esquerda e à direita, ligados à antiga ordem – calcada no papel do Estado transformador – chegavam a um impasse. Parte dos setores conservadores da intelectualidade havia apoiado o golpe e o projeto de expurgar os grupos socialistas, nacionalistas e comunistas do Estado e, em pouco tempo, percebeu que o regime incorria no uso da violência política contras intelectuais. Em *A ditadura envergonhada*, Elio Gaspari (2002) cita o exemplo das reações dessas pessoas à prisão de Ênio Silveira, comunista, proprietário da editora Civilização Brasileira. Segundo o autor, esse tipo de arbitrariedade levou inicialmente a um silêncio envergonhado de alguns setores conservadores que, em um segundo momento, passaram a se opor ao regime militar.

À esquerda, parte expressiva da nova intelectualidade, sobretudo os estudantes, reagia ao fechamento das vias institucionais de militância por meio da radicalização política, aderindo aos movimentos de luta armada. "A guerrilha", afirma Daniel Pécaut (1990, p. 247), "é um sintoma, entre outros, de que a política dos intelectuais não pode mais assumir as modalidades habituais". Esses movimentos foram progressivamente aniquilados pelo regime militar no início da década de 1970.

Em um grupo expressivo de intelectuais observamos um deslocamento dos modos de intervenção da esfera política para a cultural. É nesse período que eclodem movimentos de contracultura, como o Tropicalismo e o Cinema Novo. Carlos Nelson Coutinho (2005, p. 86) busca desconstruir esse processo, mostrando como a intelectualidade dirigia seu engajamento para o domínio subjetivo da esfera artística e cultural, relegando a um segundo plano o seu papel na construção efetiva de uma sociedade civil nacional:

> O mal [criticado por esses intelectuais] já não é tanto a ditadura ou mesmo o capitalismo enquanto formação econômico-social: era todo um legado cultural que, baseado na razão e na ciência, funcionaria essencialmente como instância repressora da subjetividade humana.

O processo de subjetivação da produção cultural foi incentivado pelo próprio regime, que passou a investir na consolidação das carreiras intelectuais no Brasil. Da mesma forma que o Estado punia jornalistas, professores e artistas que julgava ameaçadores, atribuía um lugar dentro da ordem àqueles que se dispunham a colaborar ou até mesmo para uma parcela da oposição. No plano da educação, a ditadura militar foi responsável por uma relativa massificação do ensino fundamental e médio, pela realização de uma reforma universitária – com o fim do regime das cátedras e a instituição da ordem departamental, baseada no modelo norte-americano – e pela criação de um sistema nacional de pós-graduação e de apoio à pesquisa que perdura até os dias de hoje.

Criam-se instituições estatais de apoio e financiamento à produção artística – Funarte, Embrafilme, Secretaria de Cultura, Instituto Nacional do Livro –, responsáveis por cooptar parte dos intelectuais para o Estado. Outros foram ainda integrados a empresas e instituições privadas, ligadas ao mercado editorial, à indústria fonográfica e às agências de publicidade. Além disso, os investimentos na infraestrutura de telecomunicações feitos pelo governo (Embratel, Telebrás etc.) deram suporte à hegemonia da mídia eletrônica no cenário brasileiro.

Verifica-se, assim, uma confluência entre o processo de profissionalização do jornalista e o de outros grupos intelectuais, em que se delimitava, de forma mais explícita, o papel desses atores nas redes de colaboração dos seus respectivos mundos sociais. O intelectual diletante não foi necessariamente expulso dos jornais, mas passou a intervir de uma forma diferente, dentro de espaços institucionalizados destinados à colaboração dessas pessoas:

> O jornalismo como carreira, cada vez mais profissional e hierarquizada, e a nascente dramaturgia televisiva (Cony, Carlinhos Oliveira e Aguinaldo Silva seguem esse caminho) permitiram que o escritor rompesse seus tradicionais vínculos com o governo, muito embora passassem a ser cada vez mais profundos com uma indústria cultural beneficiada pelo milagre econômico e pela expansão industrial. (Costa, 2005, p. 154)

A criação e a consolidação de novos espaços de intervenção no setor cultural, promovidas pelo regime, estão ligadas a um processo de diferenciação dos grupos intelectuais. Mas a oposição ao regime ainda funcionava como um amálgama que reunia, pelo menos do ponto de vista ideológico, esses diferentes atores. Com a redemocratização e a consolidação da noção de jornalismo de mercado, esse processo se acentua: a técnica passa a compor a representação dominante na atividade jornalística. Entramos agora na última etapa do processo de reconfiguração dos meios jornalístico e intelectual no Brasil.

O último ato: uma nova identidade para o intelectual

Durante o processo de redemocratização e de transformações políticas e econômicas dos anos 1980 se estabeleceram os parâmetros para se pensar a identidade dos jornalistas na sua relação com os diferentes atores que interagem com seu mundo social. Como pano de fundo para essa mudança, ocorreu um processo de despolitização do meio cultural, comum a jornalistas e intelectuais, conforme analisaremos a seguir.

Os intelectuais e o fim de um paradigma

A partir de meados dos anos 1970, teve início um processo de renovação dos parâmetros da esquerda intelectual no Brasil que refletia a forma como as mudanças nas redes de cooperação que integram a produção cultural redefiniram a identidade do intelectual e o seu sistema de convenções. Desse processo, emergiram novos valores ligados à inserção do intelectual no regime democrático e na indústria cultural, consolidada por meio dos investimentos feitos pelo regime militar.

Na esfera política, observamos o fim do modelo bolchevique de engajamento, do ideário veiculado pelo PCB, que centrou sua ação na transformação da sociedade a partir do Estado, e o fim da concepção que defendia a tomada do poder nacional por intermédio de movimentos de guerrilha. A verdade é que a defesa da bandeira da redemocratização começou a se tornar o centro do engajamento político da intelectualidade. Não se tratava apenas de lutar pelo fim do regime, mas de aceitar a democracia como uma condição *sine qua non* para a expressão dos conflitos da sociedade no quadro de um sistema de direito, no qual se deslocam os conflitos pela mudança/conservação da ordem social (Pécaut, 1990).

Esse cenário, baseado na simbologia de um despertar da sociedade civil e no esgotamento da noção de partido de vanguarda formado pelo marxismo-leninismo, está subjacente aos debates que desembocaram na emergência de uma nova esquerda, contexto em que se insere o Partido dos Trabalhadores. Os intelectuais ligados a esse movimento passaram a enfatizar o contato com a realidade no lugar de uma doutrina, muitas vezes se apoiando em movimentos espontâneos recém-surgidos, como o novo sindicalismo e as Comunidades Eclesiásticas de Base. Assim, sintetizavam a ideia de um novo *ethos*, em que o engajamento político deixava de se apoiar no discurso de ruptura com o subdesenvolvimento nacional e a exploração das classes, abrindo espaço para questões como o acesso individual ao desenvolvimento globalizado. "Por força natural das coisas, abre-se uma era em que os intelectuais participam da política pretendendo menos atuar de imediato na sociedade do que influenciar seu próprio meio" (Pécaut, 1990, p. 222).

Ao mesmo tempo, os próprios partidos, desfalcados após o período ditatorial, abriam espaço para o ingresso de intelectuais com ambição política, cuja atuação passava a se restringir à esfera partidária ou administrativa. O caso mais notório é, sem dúvida, o do sociólogo Fernando Henrique Cardoso, mas uma situação análoga pode ser atribuída ao entrevistado Antônio Hohlfeldt.

Observa-se o mesmo processo no âmbito da produção acadêmica e cultural. O desenvolvimento da indústria cultural, as transformações no mundo universitário e a consequente abertura de postos nesses espaços possibilitaram uma inserção profissional do intelectual no mercado: "De casta fechada, de corporação de notáveis, os intelectuais passam a ser uma parcela do mundo do trabalho" (Coutinho, 2005, p. 36). Marcelo Ridenti (2005), em artigo acadêmico publicado na revista *Tempo Social*, conta que houve uma integração parcial à indústria cultural das propostas revolucionárias dos intelectuais contestadores dos anos 1960, cujo exemplo mais caricato talvez seja a produção ficcional da Rede Globo.

Essa apropriação é resultado de uma reorganização radical das redes de cooperação do mundo intelectual, incluindo o jornalismo, em que certos atores sociais (audiência, mercado etc.) começaram a influir de forma mais incisiva nas convenções que delimitam essas atividades, conforme ilustra o depoimento de Zuenir Ventura:

> O que mudou na cultura foi a presença do mercado. Ele hoje é fundamental para condicionar e determinar a criação artística em qualquer área, seja a música, seja o teatro. Enfim, você não pode fazer um filme, fazer uma peça, fazer o que seja sem considerar essa presença. É fundamental que você atente para as leis do mercado, você precisa de dinheiro para produzir, você precisa que esse produto – para usar uma expressão que é muito do mercado – dê lucro. Não há mais aquela aventura amadorística do meu tempo. Quando comecei no jornalismo, você podia fazer um jornal sem precisar saber qual era o preço do jornal, qual era o preço do papel, se ia ter ou não leitor, isso aí era o secundário, era sempre uma aventura. Isso hoje se aplica a qualquer produto cultural. Você vai fazer um filme, primeiro você precisa ter dinheiro para a produção, depois precisa que esse filme seja assistido e que ele se pague. Esses valores do mercado estão hoje muito presentes na cultura como não estavam no meu tempo [...]. Já começava a existir a presença do espectador, do ouvinte, do leitor como consumidores, mas era ainda uma coisa muito incipiente. Hoje, a gente sabe, esses elementos são parte de um circuito econômico.

Finalmente, é possível comparar observações aplicadas ao processo de profissionalização dos intelectuais no Brasil com a análise que fizemos da vida dos entrevistados em termos de estatutos, carreiras profissionais e interações com outros atores sociais. Na medida, por exemplo, em que a universidade passou a se constituir em um espaço autônomo dentro do meio intelectual, instituindo valores próprios e convenções, ligados à aquisição de títulos e à busca de legitimidade com os pares, podemos entender as nuances no processo de inserção e na carreira profissional dos diferentes jornalistas-professores pesquisados.

O ingresso da primeira geração dos entrevistados no mundo universitário – Alberto Dines, Adísia Sá, Carlos Chagas, Flávio Tavares e Zuenir Ventura – ocorre de forma ocasional. Não havia a necessidade de se adquirir os atributos institucionais exigidos atualmente para o exercício profissional ou para ascensão social na carreira – como titulação e produtividade acadêmica –, nem a interiorização das novas convenções que integram o meio acadêmico. Isso explica o desprezo desses jornalistas-intelectuais pelo teoricismo universitário e pela busca de títulos. O oposto acontece nos casos de Antônio Hohlfeldt e Juremir Machado da Silva. São justamente dois entrevistados que assumem plenamente o estatuto de professor, possuem a titulação de doutor e conhecem/participam dos mecanismos de reconhecimento no meio acadêmico.

A mesma lógica pode ser aplicada à análise sobre as mudanças na militância política. Por um lado, o grupo mais antigo de jornalistas-intelectuais tende a situar seu engajamento como uma consequência natural da prática profissional. É o que fazem Raimundo Pereira, ao mencionar sua atuação na imprensa alternativa, e Adísia Sá, quando fala da sua militância sindical. Podem ainda considerar esse engajamento como uma atividade ligada aos anseios de uma geração, algo que está presente no depoimento de Flávio Tavares.

A partir do processo de transformação da atividade política dos anos 1980, emerge a figura do político profissional. É o caso de Antônio Hohlfeldt, cuja carreira está ligada às novas modalidades de intervenção político-partidária. Isso explica o fato de o entrevistado definir sua identidade a partir de estatutos distintos (jornalista e político) que não podem ser misturados, inclusive por questões deontológicas. As mudanças nesse cenário possibilitam ainda a ascensão do intelectual não ideológico e pós-moderno. Pode ser enquadrado nesse perfil Juremir Machado da Silva, cuja identidade e os modos de intervenção no espaço público se fundamentam em um discurso de desconstrução das ideologias políticas e costumes sociais, no lugar da adoção ou defesa de utopias. Esse tipo de perfil teria sido enfaticamente condenado nos anos 1960, como fizeram, por exemplo, com Carlos Heitor Cony.

No caso dos escritores, constata-se a mesma relação entre as estratégias de gestão dos estatutos e as diferenças de geração. Antônio Hohlfeldt e Juremir Machado da Silva tendem a assumir suas incursões literárias como distintas da atividade jornalística. Por outro lado, Zuenir Ventura, Mino Carta, Flávio Tavares, Carlos Chagas, Adísia Sá, Alberto Dines se portam hegemonicamente como jornalistas, mesmo quando redigem livros. Da mesma forma, Carlos Heitor Cony só admite ser identificado pelo estatuto de escritor, apesar das suas intervenções no jornalismo.

Essa situação pode ser explicada pela forma como a profissionalização desses espaços delimitou as distinções entre os estatutos de jornalista e escritor. Se, para a geração anterior, a literatura integra a formação intelectual, de forma que pode ser exercida paralelamente ou dentro da própria atividade jornalística, para os mais novos a literatura deve ser exercida profissionalmente. Mesmo que poucos ainda sobrevivam apenas da venda de livros no Brasil, o próprio mercado editorial oferece outras atividades capazes de remunerar os escritores profissionais – como revisores, tradutores, pareceristas e *ghost writers* (Costa, 2005).

Ainda que um grupo expressivo de novos escritores ainda recorra ao jornalismo como segunda atividade, isso é realizado dentro de novos parâmetros, ou seja, a partir dos espaços institucionalizados dentro do jornal, destinados aos intelectuais, e não como um trampolim profissional para os diletantes, como acontecia antigamente. Hoje, as intervenções de escritores no jornalismo seguem a ideia do jornal como um espaço que oferece serviços capazes de agradar seus diferentes públicos, como explica Carlos Heitor Cony, quando nos diz: "O jornal vai sempre abrigar essas pessoas que, por uma questão de vivência têm, digamos assim, leitores garantidos". E quando afirma:

> O escritor tem uma outra embocadura, é opiniático. Ele é pago para dar sua opinião, que, por algum motivo, tem valor de mercado. [...] O jornalismo de hoje não é mais aquele balaio, aquele *mix*, que era antigamente. É mais técnico e profissionalizado. (Cony *apud* Costa, 2005, p. 7)

Isso explica, por exemplo, a forma como Juremir define o seu retorno ao jornalismo, dentro de novas bases estatutárias. Já Hohlfeldt ilustra uma situação intermediária, em que a aquisição de competências para os dois espaços foi realizada separadamente (duas formações: em Letras e em Jornalismo), mas cuja sociabilidade comum, como jornalista da área de cultura, permitiu que atuasse como jornalista e escritor.

Jornalistas: modernização, técnica e profissionalismo

As transformações no meio intelectual, iniciadas no final da década de 1970, também se refletem na emergência do jornalismo contemporâneo. O processo de consolidação da indústria cultural afeta as convenções de todo o segmento de produção artística e intelectual. Por isso, observam-se analogias entre a construção das identidades e as práticas dos jornalistas e intelectuais nesse período.

A emergência de um novo jornalismo, submetido aos valores do mercado e do *marketing*, da produção estandardizada da informação, já mereceu investigações detalhadas, no Brasil e no exterior. Essas transformações, capitaneadas pela *Folha de S.Paulo*, vão introduzir novas convenções no sentido de complementar ou radicalizar as reformas iniciadas nos anos 1950.

Dentro desse contexto, podemos citar a readequação gráfica e editorial dos jornais, com o objetivo de mimetizar o meio de comunicação hegemônico: a televisão. Apareceram as infografias, os textos passaram a ser enxutos e objetivos, há uma relativização da opinião institucionalizada do jornal e uma despolitização do seu conteúdo. Parte dessas convenções resultou da criação de parâmetros mais próximos das estratégias de *marketing*, alguns introduzidos por consultorias contratadas em Miami (Estados Unidos) e Navarra (Espanha). No plano tecnológico, a informatização das redações (anos 1980 a 1990) garantiu mais agilidade nas rotinas de edição e diagramação do jornal. Esse fenômeno acelerou o caráter industrial da atividade jornalística e possibilitou maior planejamento da produção e distribuição da notícia.

Tais mudanças afetaram claramente os modos convencionais de produção e colaboração no mundo dos jornalistas. Fecham-se mais cedo as edições, transformando o ritmo de praticamente todos os que participam do mundo social, dos repórteres aos donos das bancas de jornal. Também se alteram as relações entre os jornalistas e as fontes, com a consolidação das estruturas de comunicação institucional e o aproveitamento crescente dos *press-releases* pelas redações. Já a interação com o público perdeu progressivamente o caráter ideológico que delineava as afinidades editoriais entre o jornal e o seu leitor, sendo substituída por uma ênfase das empresas de comunicação no perfil médio da audiência, determinado agora por razões mercadológicas.

Além das mudanças nas formas de cooperação, observa-se o expurgo dos antigos jornalistas, com a entrada de uma nova geração que partilha de outros valores e possui uma formação técnica, adquirida nos cursos universitários de jornalismo. Essa nova geração de jornalistas ingressa no mercado de trabalho como resultado de

> uma série de medidas de caráter institucional, político, que resultou na juvenilização das redações. [...] Em oitenta e poucos, não tenho data certa, quando o Otavinho [Frias Filho, diretor de redação da *Folha de S.Paulo* desde 1984] já se sente forte para entrar na redação, ele traz os amigos que estudaram junto na USP, traz essa garotada toda para fazer o jornal e sai todo mundo mais velho. (Dines *apud* Abreu e Lattman-Weltman, 2003, p. 128)

O resultado, segundo Dines é que "hoje você tem uma garotada que não sabe escrever, que não tem uma atitude intelectual porque o problema não é só saber escrever, é ter uma atitude de intelectual perante a vida, de se sentir: 'Eu sou um agente cultural.'"

O ingresso dessa nova geração permite ao proprietário do jornal eliminar o que Bernardo Kucinski (1998) chama de "ranço ideológico" dos antigos jornalistas.

Raimundo Pereira, ao comentar essa mudança, atenta para um dos efeitos negativos desse processo: a redução da diversidade de pontos de vista e ideologias nas redações. Segundo ele:

> Você já não contrata mais profissionais com uma visão diferente da sua. Era o que acontecia, inclusive, na época da ditadura. O Roberto Marinho costumava dizer que ele tinha os comunistas dele. Hoje já não se procura comunistas para fazer os jornais, tem muita gente de direita na cúpula e gente, inclusive, que é mais realista que o rei, mais realista do que os patrões. Então esse é um problema. Não tendo um ambiente, como é que vai se formar o jovem repórter, o jovem redator?

Essas mudanças no perfil profissional estão associadas ao próprio ataque ideológico à velha ordem, ao jornalista partidário e militante. Nos manuais de redação e nos seminários promovidos pelas consultorias, a noção de jornalismo como um serviço público tende a ser descaracterizada em nome dos valores do mercado. "Estão tentando acabar com o resto do humanismo que havia no jornalismo brasileiro. Hoje o jornalismo brasileiro é tecnocrático mercadológico. [...] Existe um processo de estandardização ideológica", afirma Alberto Dines (*apud* Abreu e Lattman-Weltman, 2003, p. 130). Ao mesmo tempo, o discurso sobre a profissão tende a destacar a ideia de que o jornalista deve ser visto como um estatuto assalariado, associado a uma competência técnica.

> Para os jornalistas, estas alterações representam um duro golpe na compreensão da profissão. Em toda a atividade jornalística foi corroído o velho *espírito de missão*. Dentro dos jornais ocorre um desencantamento do mundo, devido à eliminação dos elementos políticos e românticos, incompatíveis com uma produção cultural industrializada. (Ribeiro J. C., 1994, p. 54)

O fato é que as relações de sociabilidade entre jornalistas e intelectuais ainda perduram, mesmo que de modo distinto. Novos valores atingem espaços de interseção entre esses atores, como os cadernos e editorias dedicados à cobertura de cultura. Já é corrente a constatação de que eles deixaram de ser um espaço de discussão e crítica intelectual para tratar apenas da divulgação de produtos da indústria cultural. A figura do repórter, editor ou o crítico jornalista, com uma formação acadêmica ou intelectual que lhe permite cobrir com profundidade assuntos ligados à cultura, está em vias de desaparecimento. É o que explica Hohlfeldt, considerado o único crítico de teatro do Rio Grande do Sul em atividade: "Eu me sinto meio uma múmia. No *Jornal do Comércio*, é o Hélio Nascimento no cinema e eu. Não tem outro cara". De acordo com ele, a tendência é que a atividade do crítico seja parcialmente absorvida pela universidade, por meio das revistas acadêmicas: "A academia não é culpada disso, eu quero deixar bem claro isso. Felizmente ela cobre em parte essa perda que você tem nesse jornalismo. [...] Agora, essa função do jornalismo está desaparecendo completamente".

Observa-se uma mudança semelhante na escolha dos intelectuais que atuam como colaboradores das editorias de cultura. Alberto Dines explica que antes havia uma tendência a selecionar "pessoas luminares", com formação e talento para escrever sobre determinados assuntos. Dines afirma: "Você pegava o texto de um grande articulista, você tinha o que ler. Hoje as coisas são feitas de uma forma meio lambuzada". Nesse ponto, as análises de Pierre Bourdieu (1984; 1997) sobre a hegemonia do intelectual midiático podem ser aplicadas às mudanças na forma como se recrutam os intelectuais no jornalismo atual. Como explica Juremir Machado da Silva:

> A mídia acaba transformando normalmente esses intelectuais mais vulgarizadores nos grandes intelectuais. Dou um exemplo: a mídia hoje acha que o historiador do Brasil é o Fernando Morais. [...] Ele não é um historiador, é um jornalista que fez grandes reportagens, boas e grandes reportagens.

Essa constatação não se limita apenas à questão de uma dominação do campo jornalístico sobre o universitário. De fato, a criação de convenções específicas para o jornalismo, a universidade, a política e a literatura exigiu que os profissionais se adaptassem às novas regras de produção intelectual. Ou seja, da mesma forma que um jornalista que quer seguir a carreira acadêmica precisa se submeter às regras do meio acadêmico, o professor ou escritor que intervêm no jornalismo acaba interiorizando as convenções que lhe permitem fazer sucesso junto ao grande público.

Na medida em que se acentua o processo de profissionalização do meio intelectual, atividades que antes dispunham de convenções e de uma rede de colaboradores comuns começam a se dispersar, sendo reconfiguradas a partir de uma lógica própria. Assim, os debates intelectuais que se concentravam nos jornais estão agora distribuídos nos partidos políticos, nas redes de pesquisa e sociedades científicas e nos demais ramos da indústria cultural.

Existe ainda uma sociabilidade que se mantêm, mesmo que de maneira informativa. E também há a possibilidade de conversão das reputações adquiridas, a qual legitima a intervenção em diferentes atividades intelectuais. Ou seja, grandes jornalistas ainda podem se utilizar do capital intelectual e simbólico adquirido para escrever livros. E escritores, políticos e acadêmicos de renome ainda possuem algum espaço na imprensa. Mas essas fronteiras são cruzadas com menos frequência que antigamente.

Finalmente, embora um novo conjunto de convenções e uma nova visão de mundo sobre o jornalismo tenham se tornado hegemônicos, isso não significa dizer que esse processo seja universal. As pessoas e as instituições nunca interiorizam completamente as mudanças sociais. Existe sempre uma margem de manobra, de negociação. No caso do jornalismo, as "imperfeições" desse processo resultam em resquícios da antiga configuração intelectual, que sobrevive nos gêneros opinativos e em um conjunto de atividades decorrentes do processo de segmentação do mundo dos jornalistas. Esse é o tema do próximo capítulo.

8. OS PROCESSOS DE SEGMENTAÇÃO NO MUNDO DOS JORNALISTAS

Além das transformações mais gerais que afetam o mundo dos jornalistas, é possível perceber diferenciações resultantes das interações firmadas entre os membros que compõem o âmago do mundo social e os colaboradores situados em espaços vizinhos. Na análise do mundo das artes, Howard Becker (1982) descreve esse processo de segmentação ao falar, por exemplo, das relações entre artistas e artesãos. Segundo ele, alguns artesãos podem começar a produzir objetos que partilham de algumas convenções artísticas, que possuam, por exemplo, valor estético. Mesmo que mantenham certas características do mundo original, o fato de serem aceitos pelos membros do mundo das artes possibilita produzir um segmento intermediário entre esses dois espaços, no qual se reúne um novo conjunto de colaboradores. Nesse caso, não se fala em desaparecimento ou transformação de um mundo social, pois as duas atividades continuam a existir. Apesar de os novos segmentos alterarem ou enriquecerem seus mundos sociais, o impacto dessa segmentação vai estar sempre limitado ao grupo de pessoas que praticam tais atividades.

No nosso caso, observamos que os entrevistados participam de novos segmentos no mundo dos jornalistas. Na confluência entre jornalismo e literatura, alguns jornalistas-intelectuais se dedicam à prática do jornalismo literário. Observamos ainda a constituição de um segmento de imprensa alternativa, bastante presente entre os anos de 1960 e 1970. Embora esse tipo de jornalismo tenha declinado a partir da redemocratização, ele ainda sobrevive pela iniciativa de alguns profissionais como Raimundo Pereira. Finalmente, no caso particular de Alberto Dines, podemos situar o seu trabalho de crítica da mídia institucionalizado a partir do *Observatório da Imprensa*, como um espaço de confluência entre atores e convenções ligados ao mundo dos jornalistas e ao meio acadêmico.

Quando o jornalismo vira literatura

Em linhas gerais, o jornalismo literário (ou seus congêneres: jornalismo narrativo, novo jornalismo, jornalismo de reconstituição etc.) consiste na adaptação de técnicas ficcionais às reportagens. "A diferença entre esse jornalismo e a literatura de ficção não está na qualidade do texto, está na matéria-prima com que se trabalha", explica Zuenir Ventura (1988, p. 6). Do ponto de vista do mundo social, trata-se de atribuir elementos estéticos a uma produção normalmente associada ao seu valor utilitário (informar e entreter o público). Sérgio Villas Boas, criador do Instituto Texto Vivo, dedicado à prática do jornalismo literário e pesquisador do tema, afirma que se trata de uma forma de "oxigenar as rígidas práticas tecnicistas/mecanicistas/cartesianas [do jornalismo] e escapar do quadrilátero 'estatísticas, efemérides, serviço e opinião', que é um 'samba de uma nota só' (e de sonoridade ruim, o que é pior)"[18].

Segmento consolidado, o jornalismo literário é apropriado por integrantes dos dois mundos. Ele pode aparecer em publicações periódicas (sobretudo revistas, como *The New Yorker*, nos Estados Unidos, a pioneira *Realidade* e, mais recentemente, a *Piauí*, no Brasil), mas também em livros. Dentre os defensores e praticantes dessa modalidade estão grandes nomes da literatura e do jornalismo nacional e internacional, como Tom Wolf, Truman Capote, Ian Gibson, H. R. Lotman, Gabriel García Márquez, Fernando Morais e Ruy Castro.

Dos entrevistados, Alberto Dines e Zuenir Ventura reivindicam claramente a sua afiliação a esse segmento. Para Dines, é por meio do jornalismo literário, exercido nas biografias *Morte no paraíso* e *Vínculos do fogo*, que ele consegue conciliar os estatutos de jornalista e escritor. Zuenir Ventura também explicita suas incursões na literatura por meio dessa modalidade jornalística, iniciada já no seu primeiro livro, *1968 o ano que não terminou*.

A dois outros entrevistados, Flávio Tavares e Raimundo Pereira, podemos atribuir incursões no jornalismo literário. Tavares não se utiliza desse rótulo, mas *Memórias do esquecimento*, carro-chefe da sua obra literária, consiste na narrativa de eventos reais por meio de uma linguagem esteticamente mais próxima do mundo das artes. Raimundo Pereira não tem nenhum livro publicado, mas participou de edições da revista *Realidade*, publicou grandes reportagens em diversos veículos da grande imprensa e, mais recentemente, realiza um trabalho semelhante, pelo menos do ponto de vista da profundidade da apuração, em *Retratos do Brasil*.

O fato de o jornalismo literário ser socialmente consagrado como um espaço ligado ao mundo das artes produz efeitos importantes na reputação dos praticantes. De modo análogo às instâncias de legitimação intelectual descritas no capítulo 6, esse "novo jornalismo" permite que a pessoa se posicione em um patamar semelhante ao dos escritores. Além disso, ao excursionar nesse gênero, o jornalista acena aos demais membros do mundo social que é detentor de um domínio das convenções jornalísticas e literárias suficientemente amplo para que sua produção

---

18 Em correspondência com o autor, por *e-mail*. Aos interessados recomenda-se o *site* Instituto Texto Vivo: <http://www.textovivo.com.br/conceitos.htm>.

possa ser apreciada não apenas em termos de qualidade da informação, mas também pelo seu valor estético.

O jornalismo literário contribui para o enriquecimento do mundo social. Além das inovações em termos convencionais (linguagem, técnica narrativa etc.), esse segmento também aporta um novo grupo de participantes, entre produtores (jornalistas e escritores), colaboradores (editores, críticos e outros) e o público. Cristiane Costa (2005, p. 307) explica que, em meio à crise que atualmente atinge os meios jornalístico e editorial – encolhimento dos mercados de poesia e ficção, enxugamento dos quadros das redações e quedas sucessivas das tiragens dos jornais –, apenas as obras ligadas ao jornalismo literário parecem sobreviver: "Os livros de não ficção escritos por jornalistas teriam a seu favor uma credibilidade, ou suspensão de descrença, que o romance, por mais realista que seja, não permite". Zuenir Ventura também partilha dessa opinião, juntamente com Dines e outros defensores do jornalismo literário. Para Zuenir: "Os jornais reclamam de queda de tiragem, de crise econômica, crise de vendas, de crise de leitores, e os livros de jornalismo literário, quase todos eles, são muito vendidos, quase todos entram em listas de *best-sellers*".

Imprensa alternativa: o jornal como instrumento de luta política

No contexto imediato de oposição à ditadura surgiram, nas contas de Bernardo Kucinski (2003, p. 16), cerca de 150 jornais ligados à imprensa alternativa ou nanica. Apesar da grande variedade de estilos e de linhas editoriais adotadas,

> o que identificava toda a imprensa alternativa era a contingência do combate político-
> -ideológico à ditadura, na tradição de lutas por mudanças estruturais e crítica ortodo
> xa a um capitalismo periférico e ao *imperialismo*, dos quais a ditadura era vista como
> uma representação.

Nesse sentido, constituíram-se como espaços de articulação de intelectuais e militantes durante a ditadura. Para Kucinski (2003), os jornais alternativos teriam incorporado ao seu sistema de convenções propostas ligadas à teoria gramsciana do intelectual orgânico, tornando-se espaços de expressão de uma consciência coletiva homogênea, por meio da prática de um jornalismo integral. Ao mesmo tempo, tornaram-se instrumentos de luta pela ampliação da força política dos partidos de esquerda na sociedade. Esses partidos buscavam assumir o controle das redações e utilizá-las na imposição de uma ideologia dogmática, bem ao gosto do organizador coletivo defendido por Lênin. "Era como se houvesse um consciente gramsciano, expresso nos programas e estatutos, compartilhado principalmente por jornalistas independentes e intelectuais, e um inconsciente leninista trazido pelo ativismo político, que acabava se impondo" (Kucinski, 2003, p. 20).

Ao mesmo tempo que permitiam que seus integrantes transformassem o jornalismo em um instrumento de engajamento político e intelectual, os veículos alternativos eram também espaços de articulação entre diferentes atores – jornalistas, intelectuais e militantes – engajados na oposição ao regime. Não se tratava apenas de uma experimentação consciente, no sentido de atribuir valor estético e intelectual a um produto e se destacar no mundo social, como acontece com o jornalismo literário. A imprensa alternativa, na verdade, nasce da necessidade direta desses agentes de encontrar novos espaços de intervenção política e intelectual quando os espaços naturais de atuação se encontravam obstruídos pela censura e pela repressão impostas na ditadura militar.

Grande nome desse tipo de imprensa, Raimundo Pereira certamente tem sua legitimidade associada aos periódicos criados e dirigidos nesse período: *Amanhã* (1967), *Opinião* (1970) e *Movimento* (1975). Dado o contexto específico de surgimento e funcionamento desses jornais e da situação precária em que operavam – por questões financeiras e políticas – acabava-se por atribuir aos seus protagonistas certa aura de heroísmo e resistência. No caso de Raimundo, havia ainda outro componente: a notoriedade prévia como grande repórter, adquirida em publicações como *Veja* e *Realidade*. Ou seja, além de militante, ele também era considerado um bom jornalista. Por isso, a passagem, na sua trajetória, da grande imprensa para a imprensa popular deve também ser explicada pelo desejo de criar espaços onde fosse possível produzir um jornalismo diferente, melhorado, segundo suas próprias convicções.

O surto alternativo foi praticamente eliminado com a abertura política, a partir do final dos anos 1970. As transformações nos espaços político e intelectual explicam esse processo. O surgimento de uma nova esquerda apontava justamente para um declínio das concepções ligadas ao dogmatismo leninista do PCB. Ao mesmo tempo, a profissionalização dos espaços de militância política e intelectual e a consolidação do jornalismo de mercado esvaziaram a função dos veículos alternativos como espaços de articulação da intelectualidade. Parte de suas convenções foi incorporada pela grande imprensa, pelos partidos políticos, movimentos sociais e sindicais (Kucinski, 2003).

Alguns projetos, como as páginas de opinião e debates da *Folha de S.Paulo* implantados pelo jornalista Cláudio Abramo, são um reflexo da apropriação de algumas convenções da imprensa alternativa no jornalismo. Os veículos dirigidos por Mino Carta (*IstoÉ*; *Jornal da República, Senhor*; *IstoÉ Senhor* e *Carta Capital*) também seriam, na opinião desse jornalista, herdeiros do segmento alternativo.

As convenções da imprensa alternativa também teriam se institucionalizado nos diferentes jornais produzidos pela sociedade civil, sindicatos, partidos políticos, movimentos sociais etc. dando origem, mais tarde, ao que Francisco Sant'Anna chamaria de "mídias das fontes" (Sant'Anna, 2005). Finalmente, o próprio Raimundo continuou sendo um grande criador e defensor desse jornalismo popular, alternando suas intervenções na grande imprensa com publicações alternativas, como a revista *Reportagem* e a série de fascículos *Retratos do Brasil*.

Observatório da imprensa: os jornalistas tornam-se cientistas sociais

Nascido originalmente de um projeto ligado à Universidade Estadual de Campinas (Unicamp) e tendo como referência Alberto Dines, o *Observatório da Imprensa* também é considerado como um espaço de segmentação do mundo dos jornalistas. Em linhas gerais, o *Observatório* é uma publicação jornalística aberta à colaboração de todos os interessados em analisar e criticar os meios de comunicação no Brasil, "um fórum sobre jornalismo combinado a um veículo jornalístico" (Dines, 2008). Iniciado em 1996 como um *site* atualizado mensalmente (hoje a atualização é semanal), conta também atualmente com um programa televisivo e um outro radiofônico.

O processo de segmentação do jornalismo observado no *Observatório* se assemelha um pouco ao da imprensa alternativa. Ele surge de uma situação de fechamento da mídia brasileira à possibilidade de crítica da cobertura jornalística. Nasce também da relativa falta de acesso de jornalistas e do público aos trabalhos de análise e reflexão universitária produzidos sobre os meios de comunicação. A ideia é atribuir valor reflexivo a um produto jornalístico dentro de um segmento antes inexistente no Brasil, de *media criticism*. Por outro lado, também permite que intelectuais e acadêmicos difundam seus trabalhos a um público leigo.

Em termos de reputação, é inquestionável a forma como a carreira de Alberto Dines é atualmente associada à direção do *Observatório*, considerada por ele como "o auge da sua carreira". O trabalho de Dines nesse veículo possibilitou um reconhecimento acadêmico pelo pioneirismo e a associação imediata do seu nome ao *media criticism*.

Sua existência também levou parte da mídia e dos jornalistas a se readequar à existência de um olhar crítico. É comum que jornalistas bem estabelecidos se deem ao trabalho de responder às análises publicadas no *site*, mesmo que não mudem suas linhas de conduta. Pesquisadores, além de colaborar com o *Observatório*, construíram uma Rede Nacional de Observatórios da Imprensa (Renoi), na qual vinculam projetos de investigação e divulgação, todos relacionados à crítica da mídia. Finalmente, houve uma reorganização das bases de cooperação do público. Primeiro, porque parte da audiência interessada em discutir os meios de comunicação no Brasil teve acesso a um produto específico. Segundo, pela reorganização da noção de audiência, que passou a influir mais diretamente no jornalismo pela publicação de artigos e comentários no *Observatório*.

Uma breve revisão sobre os gêneros opinativos

Os gêneros opinativos devem ser vistos como resquícios do período em que jornalismo, literatura e política permaneciam misturados. Remetem à explicação de Denis Ruellan (1993) sobre o processo de fechamento das fronteiras profissionais, cuja imperfeição permite que elementos de diferentes espaços permaneçam na formação discursiva do jornalismo. De certo modo, essa formação discursiva continua sendo utilizada como um espaço de intervenção política, literária e universitária. Isso se dá por meio de crônicas, artigos, colunas, editoriais, comentários etc., sem que isso incorra em questionamentos nem rupturas nas trajetórias dos praticantes. A possibilidade de exercício desse tipo de jornalismo muitas vezes está associada a um reconhecimento anterior na carreira profissional, identificado como uma forma de sucesso "intelectual", correndo paralelamente à aquisição de cargos de edição e chefia nas redações.

Mesmo que teoricamente atente contra uma suposta essência do jornalismo, os gêneros opinativos integram os periódicos atuais como produto de uma negociação prévia entre os membros do mundo social, dos quais se destacam os jornalistas e o público. Por isso, a incursão em um gênero opinativo dificilmente implica uma mudança de estatuto, pois não exige alterações radicais na composição das redes de colaborações do mundo social. Atribuir valor estético a uma crônica é convencionalmente aceito pelos padrões do mundo dos jornalistas. Redigi-la em um estilo ligeiro, leve, jornalístico, também faz parte dos padrões definidos pelo mundo das artes. Não é por causa das crônicas que Zuenir Ventura teria se tornado um escritor. Da mesma forma, o fato de redigi-las não significa que Juremir Machado da Silva esteja reassumindo o estatuto de jornalista. Como produções aceitas pelo sistema convencional desses dois mundos, os gêneros opinativos, sobretudo a crônica e o artigo, foram naturalizados como uma prática partilhada por jornalistas, escritores, pesquisadores e políticos[19].

---

19 O breve comentário feito nesta seção sem dúvida não esgota a questão da opinião no jornalismo. Contudo, seria impossível tratar desse tipo de abordagem nesta pesquisa, por isso nos limitamos a mostrar como os gêneros opinativos podem ser situados a partir do conceito de mundos sociais.

Aparando arestas: os jornalistas-intelectuais e as formas de inserção no mundo social

Os jornalistas-intelectuais entrevistados, embora de alguma forma sejam considerados jornalistas – por autodefinição ou reputação –, participam de atividades que escapam ao que seria o âmago da profissão (por exemplo, a produção do noticiário em uma grande imprensa jornalística). Essa atitude se traduz em escolhas realizadas no decorrer de suas histórias de vida, como a construção de carreiras alternativas de legitimação profissional ou o ingresso em diferentes segmentos desse mundo social. Se situadas a partir do discurso funcionalista, suas trajetórias e práticas seriam definidas como desviantes. Essa constatação, de certa forma, apenas comprova o primeiro olhar sobre o objeto, o que nos levou a situá-los como jornalistas-intelectuais. Todavia, é preciso avançar um pouco mais na compreensão da identidade e das práticas desses indivíduos.

Podemos sistematizar as interações entre as mudanças no mundo social e as mudanças nas carreiras profissionais a partir de três escolhas que explicam o *status* atual dos jornalistas-intelectuais, tendo em vista sua vinculação mais recente com o jornalismo. Eles podem:

1. Continuar colaborando em espaços socialmente legitimados no mundo dos jornalistas, por meio de gêneros opinativos (crônica, artigo, crítica e comentário).
2. Realizar incursões em novos segmentos produzidos no mundo dos jornalistas.
3. Ingressar em outros mundos ou espaços sociais, adquirindo reputação e adotando, de forma decisiva, seus sistemas de convenções.

Nossa análise sobre as transformações do mundo dos jornalistas mostrou, por um lado, os equívocos de classificar essa situação como um desvio. Por outro lado, nenhum entrevistado problematiza sua situação como jornalista-intelectual. Os entrevistados preferem oferecer respostas que consideram coerentes em termos de identidade. Além disso, trata-se de escolhas previstas no âmbito do mundo social, por meio de mecanismos de criação de novas convenções, de novos segmentos ou de mudanças mais radicais nas carreiras profissionais.

Se não pode ser considerada desviante, a situação dos jornalistas-intelectuais também não pode ser definida por intermédio de uma categoria fechada, institucionalizada, pois não existem modos de acesso, ascensão profissional nem um discurso que defina e legitime esse grupo na sociedade. A identidade dos jornalistas-intelectuais só existe, de fato, quando apreendida como processo de definição de si em relação ao mundo social. É nesse sentido que se dirigem nossas conclusões.

Palavras finais

Neste livro, trabalhamos o processo de construção das identidades e das práticas dos jornalistas-intelectuais no Brasil. Um olhar retrospectivo sobre as considerações feitas até aqui sugere que diferentes instâncias participam simultaneamente no processo de construção identitária. Por questões operacionais, preferimos dividir os enfoques adotados em cada capítulo, articulando-os no decorrer da análise. Assim, trabalhamos os jornalistas-intelectuais nas suas relações com o pesquisador, com os demais atores que compõem o mundo social e com as mudanças na ordem estrutural. Fizemos ainda um recorte temporal, situando essas interações dentro de um contexto histórico específico. Pela combinação desses aspectos, organizamos nosso olhar sobre os jornalistas-intelectuais, cujas conclusões podem ser sistematizadas da seguinte forma:

Visões de mundo

Durante a investigação, os entrevistados expressaram visões de mundo associadas à maneira como definem e convivem com suas atividades e estatutos sociais. A partir delas, observamos a articulação da dialética entre indivíduo e sociedade, ou seja, o modo pelo qual as fórmulas legitimadoras sobre a realidade social são confrontadas com as experiências individuais dos jornalistas-intelectuais. Ao ser expressas, essas definições permitem entender as diferentes nuances no modo como os entrevistados se relacionam com diferentes categorias sociais (jornalismo, jornalistas, intelectuais, política, entre outras). Sua articulação é também uma maneira de o entrevistado explicar, justificar e legitimar sua visão de mundo, subjacente ao processo de negociação da sua identidade, mesmo que isso não seja decorrente de uma reflexão intencional. Assim, se um jornalista-intelectual prefere se definir como escritor, cabe sempre perguntar o que essa categoria significa para ele. Se ela se apresenta como uma ruptura na sua trajetória de vida, ou não. A centralidade dessa dimensão, na verdade, encontra explicações diretas no caráter simbólico das interações e na ideia corrente de que toda ação só é compreensível na forma como o indivíduo atribui a ela uma motivação.

Quando se fala em jornalistas-intelectuais, observamos frequentes articulações no âmbito dessa dimensão simbólica entre as definições normativas e idealizadas; suas práticas e identidades; a organização das trajetórias e práticas individuais; e a avaliação que eles fazem do jornalismo, da produção intelectual e da sociedade. Por isso, questões de ordem ideológica apareceram no decorrer de toda a análise.

Gestão de estatutos

Na superfície das interações, os entrevistados tendem a se apresentar como jornalistas, escritores, políticos e professores sem compartilhar do estranhamento proposto pelo pesquisador com relação às suas identidades. Ocasionalmente, eles apresentam explicações de ordem vocacional. Ou ainda mostram as correspondências e complementaridades funcionais entre essas práticas. Essa forma de se apresentar não remete necessariamente a uma tentativa de se justificar perante o interlocutor. Muitas vezes, evidencia como, nos momentos de construção de si, por meio de uma espécie de conversa interior, os entrevistados tendem a dar coerência às suas histórias de vida, eliminando tensões e conflitos, a fim de que suas identidades se apresentem estáveis e unitárias.

A questão de "Quem sou eu?" remete, na pesquisa, a uma dimensão subjetiva, em que os entrevistados organizam diferentes estatutos a partir de uma hierarquia e uma lógica pessoal, visando se sentir seguros na hora de se apresentar. Nesse caso, podemos concluir que o processo de negociação de identidades para o grupo de jornalistas-intelectuais consiste, no âmbito da gestão de estatutos, em encontrar soluções para si e para o outro, para situações de múltiplos pertencimentos, observadas e questionadas durante a interação.

Carreiras profissionais

A gestão das carreiras profissionais é também um processo de atribuição de coerência aos diferentes momentos de uma trajetória pessoal, fazendo que a identidade que emerge desse processo não apareça – para o entrevistado e o entrevistador – como obra do acaso. A diferença, nesse caso, é a dimensão temporal das histórias pessoais que são articuladas nesse tipo de negociação. Ou seja, a resposta sobre "Quem sou eu?" é estruturada em termos de "Como cheguei até aqui?". Sua organização, contudo, ainda remete a um discurso essencialista porque as noções subjetivas de continuidade e mudança na carreira profissional têm sempre como parâmetro o fato de que a pessoa se enxerga como uma entidade integral, que eventualmente se transforma no decorrer do tempo – e nesse ponto, recorre minimamente a um contexto macrossocial.

O que podemos concluir, no caso dos jornalistas-intelectuais, é que a gestão das carreiras profissionais, na interação com o pesquisador, remete a um conjunto de escolhas: ingressar em um jornal ou em uma universidade, engajar-se politicamente, escrever um livro. Essas são legitimadas pelo entrevistado como as mais coerentes tendo em vista a sua ideologia pessoal e as situações concretas encontradas no decorrer da sua história de vida.

Ideologia, carreiras e estatutos, quando situados lado a lado na interação com o pesquisador, sugerem a existência de uma identidade construída a partir de uma série de encadeamentos lógicos, que vão justificar a reputação adquirida pelo entrevistado no momento em que conversamos. É como se existisse um caminho natural para ser um jornalista-intelectual: possuir um talento extraordinário (como jornalista, professor, escritor); a crença de que é o preciso fazer o melhor dos jornalismos, ou melhor, fazer algo superior ao jornalismo cotidiano; fazer escolhas que estão de acordo com a natureza pessoal e com as circunstâncias sociais, entre outros aspectos. A análise mais aprofundada da interação serve justamente para desconstruir os processos subjacentes a essa apresentação legitimadora.

Relações com o mundo social

Quando analisada do ponto de vista das relações com os diferentes atores que compõem o mundo social, a trajetória de vida dos jornalistas-intelectuais perde sua dimensão onipotente. Se, ao ordenar seus estatutos e carreiras, os entrevistados controlam a forma como a sua identidade deve aparecer, os conceitos de reputação e escolhas mostram justamente que o seu *status* atual depende sempre do outro. Mesmo sem negar o talento e a competência dessas pessoas como jornalistas, escritores, professores e militantes, mostramos que esse *status* adquirido foi previamente negociado e dependeu do reconhecimento social.

Concluímos dizendo que não existe um caminho natural para se tornar jornalista-intelectual, mas que há formas comuns de adquirir uma reputação (ser bem visto pelos pares, ter sucesso com o público, engajar-se pelas liberdades democráticas etc.), dispersas por toda a sociedade sob diferentes graus de institucionalização. Em alguns casos, basta ser bem visto por um colega. Em outros, é preciso publicar um livro de sucesso ou ganhar um prêmio acadêmico. Esse mosaico de interações serve como fundamento à representação social adquirida pelos entrevistados durante suas histórias de vida. E essas interações resultam em uma identidade suficientemente estável para que esses indivíduos sejam bem vistos e reconhecidos simultaneamente como jornalistas e intelectuais. Ao mesmo tempo, evidencia-se a impossibilidade de se definir com total segurança as identidades profissionais, recorrendo a modos fechados de ingresso, ascensão e legitimação social, como geralmente fazem os teóricos funcionalistas. Pelo contrário, esses *status* são resultado de incontáveis negociações que variam conforme o interlocutor e, por isso, nunca poderão ser exatamente repetidas.

Transformações no mundo social

Finalmente, os jornalistas-intelectuais se reportam a um processo mais abrangente de transformação no meio político cultural brasileiro, que se objetivou em uma separação imperfeita entre as diferentes atividades e estatutos que compunham a categoria de intelectual. É a partir dessas mudanças que passamos a associar o jornalismo a uma competência técnica, distinta da visão romântica que tendia a lhe atribuir um caráter humanístico. Quando situamos as carreiras dos entrevistados nesse contexto mais amplo, visualizamos as nuances na maneira de se situar e se definir estatutariamente, ligadas, inclusive, às diferenças de geração. Observamos ainda o modo como as pessoas subjetivamente interiorizam essas mudanças e, a partir das suas motivações (ideologias e valores), agem sobre a realidade social.

Desse processo, compreendemos como cada um se situa do ponto de vista da identidade. E também como eles são situados ao atuar socialmente, inserindo-se no mundo dos jornalistas por meio da produção de gêneros opinativos, da criação e da atuação em novos segmentos, ou do ingresso em outras atividades, pela aquisição de novos estatutos.

Concluindo, os *status* dos jornalistas-intelectuais evidenciam formas subjetivas de interação no âmbito do mundo social que possibilitaram a construção de uma reputação, permitindo-lhes atuar em outros domínios sem perder a vinculação com o jornalismo. A maior parte deles adquiriu essa posição sem a necessidade de abandonar o título de jornalista ou adquirir novos estatutos. Nesse caso, professam de uma ideologia profissional que situa a prática jornalística em um patamar semelhante ao do intelectual. Um grupo menor se tornou jornalista--intelectual pela mudança ou acúmulo de novos estatutos sociais e, de certa forma, pela adoção de um novo sistema convencional ligado a esses espaços de atuação. Grosso modo, esse seria o perfil dos jornalistas-intelectuais. É nosso ponto de chegada, mas também o ponto de partida.

REFERÊNCIAS BIBLIOGRÁFICAS

ABREU, A. A.; LATTMAN-WELTMAN, F.; ROCHA, D. *Eles mudaram a imprensa: depoimentos ao CPDOC*. Rio de Janeiro: FGV, 2003.

AMORIM, L. H. *Adísia Sá: uma biografia*. Fortaleza: Omni, 2005.

ARON, R. *O ópio dos intelectuais*. Brasília: UnB, 1980.

AUBIN, F. *La nouvelle résistance. Strategies de publicisation déployés par des intellectuels critiques de la globalisation (1994-2005)*. Tese (Doutorado em Comunicação) – Grupo de Pesquisa Interdisciplinar sobre Comunicação, Informação e Sociedade (Gricics), Université du Québec à Montréal, Montréal, 2006.

BAHIA, J. *Jornal, história e técnica: as técnicas do jornalismo*. v. 2. 4. ed. São Paulo: Ática, 1990.

BARDAWILL, J. C. *O repórter e o poder: uma autobiografia*. São Paulo: Alegro, 1999.

BECKER, H. S. *Art worlds*. Berkeley e Los Angeles: University of California Press, 1982.

BERGER, P. L.; LUCKMANN, T. *A construção social da realidade: tratado de sociologia do conhecimento*. 2. ed. Petrópolis: Vozes, 1974.

BOBBIO, N. *Os intelectuais e o poder*. São Paulo: Unesp, 1997.

BOURDIEU, P. "Champ intellectuel et projet créateur". *Les Temps Modernes*, Paris, v. 246, 1966, p. 865-906.

_____. *Homo academicus*. Paris: Les Éditions de Minuit, 1984.

_____. *Les règles de l'art : genèse et structure du champ littéraire*. Paris: Éditions du Seuil, 1992.

_____. *Sobre a televisão*. Rio de Janeiro: Zahar, 1997.

BRASIL. Decreto Lei nº 972/69, de 17 de outubro de 1969. Dispõe sobre o exercício da profissão de jornalista. *Diário Oficial da União*, Brasília: 21 out. 1969. Disponível em: <http://www.planalto.gov.br/ccivil/Decreto-Lei/Del0972.htm>. Acesso em: 11 mar. 2011.

BREED, W. "Controlo social na redação: uma análise funcional". In: TRAQUINA, N. (org.). *Jornalismo: questões, teorias, estórias*. 2. ed. Lisboa: Vega, 1993, p. 152-66.

BUXTON, D. "Un problème de définition". In: BUXTON, D.; JAMES F. (orgs.). *Les intellectueles des médias en France*. Paris: L'Harmattan, 2005, p. 11-26.

CARTA, M. *O castelo de âmbar*. 2. ed. Rio de Janeiro: Record, 2000.

_____. *A sombra do silêncio*. Brasília: Francis, 2003.

_____. "Mino Carta: entrevista a Alzira Alves Abreu e Fernando Lattman-Weltman". In: ABREU, A. A.; LATTMAN-WELTMAN F.; ROCHA D. (orgs). *Eles mudaram a imprensa: depoimentos ao CPDOC*. Rio de Janeiro: FGV, 2003, p. 184-211.

_____. "O senhor do castelo". *Diário do Nordeste*, Fortaleza, 27 nov. 2000. Entrevista concedida a José Anderson Sandes. Disponível em: <http://diariodonordeste.globo.com/2000/11/27/030005.htm>. Acesso em: 4 dez. 2007.

CHAGAS, Carlos. *113 dias de angústia: impedimento e morte de um presidente*. Porto Alegre: L&PM, 1979.

_____. "Especial – Entrevista com Carlos Chagas". Blogue do Cacom, 1º abr. 2006. Entrevista concedida a Gabriel Castro. Disponível em: <http://cacom.blogspot.com/2006/04/especial-entrevista-com-carlos-chagas.html>. Acesso em: 10 nov. 2007.

CHAGAS, Carmo. "Na cozinha das redações". In: CHAGAS, C.; MAYRINK, J. M.; PINHEIRO, A. *Três vezes trinta: os bastidores da imprensa brasileira*. São Paulo: Best-Seller, 1992, p. 13-150.

CHARLE, C. *Naissance des "intellectuels": 1880-1900*. Paris: Les Éditions de Minuit, 1990.

CHARRON, J.; BONVILLE, J. "Typologie historique des pratiques journalistiques". In: BRIN, C.; CHARRON, J.; BONVILLE, J. (orgs.). *Nature et transformation du journalisme. Théories et recherches empiriques*. Québec: Les Presses de L'Université Laval, 2004, p. 141-217

CHINEM, R. *Jornalismo de guerrilha: a imprensa alternativa brasileira da ditadura à internet*. São Paulo: Disal, 2004.

CONTI, M. S. *Notícias do Planalto: a imprensa e Fernando Collor*. São Paulo: Companhia das Letras, 1999.

CONY, C. H. "Quase Brasil: o país que poderia ter sido". São Paulo, *Folha de S.Paulo*, Caderno "Mais!", 28 jul. 1996, p. 4-6. Entrevista concedida a Fernando de Barros e Silva. Disponível em: <http://acervo.folha.com.br/fsp/1996/7/28/72-mais>. Acesso em: 10 mar. 2011.

_____ "Cony repudia o neoliberalismo". *Extra Classe*, 9 jan. 1997. Entrevista concedida a César Fraga. Disponível em: <http://www.carlosheitorcony.com.br>. Acesso em: 10 out. 2007.

_____. "Playboy entrevista Carlos Heitor Cony". *Revista Playboy*, n. 264, jul. 1997.

_____. "A felicidade que Paulo Coelho me dá, eu não preciso dela". Maringa.com, 27 jan. 2000. Entrevista concedida a Andhye Iore. Disponível em: <http://www.carlosheitorcony.com.br>. Acesso em: 10 out. 2007.

_____. "Discurso de posse". *Academia Brasileira de Letras*. Rio de Janeiro, 31 maio 2000a. Disponível em: <http://www.academia.org.br/>. Acesso em: 12 jun. 2007.

_____. *Quase memória: quase-romance*. 18. ed. São Paulo: Companhia das Letras, 2000b.

_____. "Entrevista com Carlos Heitor Cony". *Revista E*, n. 84, 1º maio 2004. Disponível em: <http://www.carlosheitorcony.com.br>. Acesso em: 10 out. 2007.

_____. *Pessach: a travessia*. 6. ed. Rio de Janeiro: Objetiva, 2007.

COSTA, C. *Pena de aluguel: escritores-jornalistas no Brasil: 1904-2004*. São Paulo: Companhia das Letras, 2005.

COUTINHO, C. N. *Cultura e sociedade no Brasil: ensaios sobre ideias e formas*. Rio de Janeiro: DP&A, 2005.

CZAJKA, R. "Redesenhando ideologias: cultura e política em tempos de golpe. *História – Questões & Debates*, Curitiba: Editora UFPR, v. 40, n. 0, 2004, p. 37-57.

DEBRAY, R. *Le pouvoir intellectuel en France*. Paris: Ramasay, 1979.

DINES, A. *O papel do jornal*. São Paulo: Summus, 1986.

_____. *Vínculos do fogo: Antônio José da Silva, o judeu, e outras histórias da inquisição em Portugal e no Brasil*. São Paulo: Companhia das Letras, 1992.

_____. Memória da imprensa carioca/Uerj. *Observatório da Imprensa*. Rio de Janeiro, 21 ago. 2002. Entrevista concedida a Maria Aparecida Costa e Antony Devalle. Disponível em: <http://www.tvebrasil.com.br/observatorio/sobre_dines/memoria.htm>. Acesso em: 12 jun. 2007.

_____. "Alberto Dines: entrevista a Alzira Alves de Abreu e Fernando Lattman-Weltman". In: ABREU, A. A.; LATTMAN-WELTMAN, F.; ROCHA, D. (orgs.). *Eles mudaram a imprensa: depoimentos ao CPDOC*. Rio de Janeiro: FGV, 2003, p. 75-175.

_____. *Morte no paraíso: a tragédia de Stefan Zweig*. Rio de Janeiro: Rocco, 2004.

_____. "Observação e participação – Da física quântica à dinâmica da sociedade civil" (Prefácio). In: CHRISTOFOLETTI, R.; MOTTA, L. G. *Observatórios de mídia: olhares da cidadania*. São Paulo: Paulus, 2008.

_____. "Observatório da Imprensa: o ápice do meu trabalho". Observatório da Imprensa. Rio de Janeiro, s/d. Entrevista concedida a Arnaldo Grizzo Filho e Gustavo Schor. Disponível em: <http://www.tvbrasil.org.br/observatoriodaimprensa/sobre_dines/apice_trabalho.htm>. Acesso em: 8 fev. 2007.

GASPARI, E. *A ditadura envergonhada*. São Paulo: Companhia das Letras, 2002.

GRAMSCI, A. *Os intelectuais e a organização da cultura*. 3. ed. Rio de Janeiro: Civilização Brasileira, 1979.

_____. *Maquiavel, a política e o Estado moderno*. 4. ed. Rio de Janeiro: Civilização Brasileira, 1980.

HALIMI, S. *Os novos cães de guarda*. Petrópolis: Vozes, 1998.

HORTA, B.; PRIOLLI, G. "Suave vampiro da juventude". *Revista Imprensa*, dez. 1989. Disponível em: <http://portalliteral.terra.com.br/zuenir_ventura/bio_biblio/sobre_ele/imprensa/05suave_vampiro_da_juventude.shtml?bio>. Acesso em: 12 jun. 2007.

IANNI, O. *O príncipe eletrônico*. Texto apresentado no XXI Encontro Anual da Anpocs, Caxambu, Minas Gerais, out. 1998.

KUCINSKI, B. *Síndrome da antena parabólica: ética no jornalismo brasileiro*. São Paulo: Perseu Abramo, 1998.

_____. *Jornalistas e revolucionários: nos tempos da imprensa alternativa*. 2. ed. São Paulo: Edusp, 2003.

KUSHNIR B. "Depor as armas - A travessia de Cony e a censura no Partidão". *Anos 90 – Revista do Programa de Pós-Graduação em História*. Porto Alegre: Universidade Federal do Rio Grande do Sul, v. 8, n.13, jul. 2000, p. 85-110.

LE CAM, F.; RUELLAN, D. "Profesionalisme, profesionnalisation et profession de journaliste au Brésil, en France et au Québec: un essai de comparaison". In: LEGAVRE, J-B. (org.). *La presse écrite: objets délaissés*. Paris: Le Hamartan, 2004, p. 53-69.

MAYRINK, J. M. "Vida de repórter". In: CHAGAS, C.; MAYRINK, J. M.; PINHEIRO, A. *Três vezes trinta: os bastidores da imprensa brasileira*. São Paulo: Best-Seller, 1992, p. 151-248.

MEAD, G. H. *Mind, self and society: from the standpoint of a social behaviorist*. Chicago: University of Chicago Press, 1934.

MEDINA, C. *Profissão jornalista: responsabilidade social*. Rio de Janeiro: Forense Universitária, 1982.

ORTEGA, F.; HUMANES, M. L. *Algo más que periodistas – Sociología de una professión*. Barcelona: Ariel, 2000.

PÉCAUT, D. *Os intelectuais e a política no Brasil: entre o povo e a nação*. São Paulo: Ática, 1990.

PELLETIER, J. "L'intellectuel est-il mort?". In: BRUNET, M.; LANTHIER, P. (orgs.). *L'inscription sociale de l'intellectuel*. Quebec: Les Presses Universitaires de Laval/L'Hamarttan, 2000, p. 367-74.

PEREIRA, R. Programa Comitê da Imprensa. TV Câmara, 7 jul. 2006. Entrevista concedida a Paulo José Cunha. Disponível em: <http://www.camara.gov.br/internet/TVcamara/default. asp?selecao=MAT&velocidade=100k&Materia=39246>. Acesso em: 14 jun. 2007.

_____. "Raimundo Rodrigues Pereira: símbolo da imprensa alternativa". *Revista PJ:Br Jornalismo brasileiro*, nº 9, 2007. Entrevista concedida a Maria Cristina Gonçalves e Maria do Socorro Veloso. Disponível em: <http://www.eca.usp.br/pjbr/arquivos/entrevistas9.htm>. Acesso em: 18 jan. 2008.

_____. "Como criar uma imprensa popular de expressão nacional". Blogue do Zé Dirceu, 9 nov. 2006. Entrevista concedida a José Dirceu. Disponível em: <http://www.zedirceu.com.br/index.php?option=com_content&task=view&id=112&Itemid=61>. Acesso em: 14 jun. 2007.

RAMONET, I. *A tirania da comunicação*. 2. ed. Petrópolis, Vozes, 2001.

RIBEIRO, A. P. G. "Jornalismo, literatura e política: a modernização da imprensa carioca nos anos 1950". *Estudos Históricos*. Rio de Janeiro: CPDOC/FGV, n. 31, 2003.

RIBEIRO, J. C. *Sempre alerta: condições e contradições do trabalho jornalístico*. São Paulo: Brasiliense, 1994.

RIDENTI, M. "Cultura e política brasileira: enterrar os anos 60?". In: BASTOS, E. R.; RIDENTI, M.; ROLLAND, D. (orgs.). *Intelectuais: sociedade e política, Brasil-França*. São Paulo: Cortez, 2003, p. 197-212.

_____. "Artistas e intelectuais no Brasil pós-1960". *Tempo Social*, v. 17, 2005, p. 81-110. Disponível em: <http://www.scielo.br/pdf/ts/v17n1a03.pdf>. Acesso em: 12 jun. 2007.

RIEFFEL, R. *La tribu des clercs: les intellectuels sous la Vᵉ Republique 1958-1990*. Paris: Calmann-Lévy, 1993.

RUELLAN, D. *Le professionnalisme du flou. Identité et savoir-faire des journalistes français*. Grenoble: PUG, 1993.

_____. *Les pro du journalisme. De l'état au statut, la construction d'un espace professionnel*. Rennes: PUR, 1997.

_____. "A pesquisa em jornalismo e o interesse público: pensar o corte e a costura". *IV Encontro Nacional de Pesquisadores de Jornalismo*. Porto Alegre, 2006.

SÁ, A. *Biografia de um sindicato*. Fortaleza: Edições UFC, 1981.

_____. *Capitu conta Capitu*. Fortaleza: Multigraf, 1992.

SAID, E. W. *Representaciones del intelectual*. Barcelona: Paidós, 1996.

SANT'ANNA, F. *Mídias das fontes: o difusor do jornalismo corporativo*. Brasília: Casa das Musas, 2005.

SARLO, B. "A voz universal que toma partido?". In: *Paisagens imaginárias*. São Paulo: Edusp, 1997, p. 159-68.

SCHUTZ, A. *Collected papers I: the problem of social reality*. 2. ed. Hollande: Martinus Nihoff/The Hague, 1967.

SILVA, J. M. da. *Muito além da liberdade*. Porto Alegre: Artes e Ofícios, 1991.

_____. *O pensamento do fim do século*. São Paulo: RG Editores, 1993.

_____. *Visões de uma certa Europa*. Porto Alegre: EdiPUCRS, 1998.

_____. *A miséria do jornalismo brasileiro: as (in)certezas da mídia*. Petrópolis: Vozes, 2000.

_____. "O amigo do Diogo Mainardi". *Revista Press Advertising*, n. 110. s/d. Disponível em: <http://www.revistapress.com.br/root/materia_detalhe.asp?mat=61>. Acesso em: 23 fev. 2008.

SIRINELLI, J-F. *Génération intellectuelle: khâgneaux et normaliens dans l'entre deux guerres*. Paris: PUF, 1994.

STRAUSS, A. L. *Miroirs et masques: une introduction à l'interactionnisme*. Paris: Métailié, 1992.

SZNEJDER, V. "Mino Carta". *Jornalistas*. Rio de Janeiro: Mauad, 2003.

TAVARES, F. *Memórias do esquecimento*. 4. ed. São Paulo: Globo, 1999.

_____. *O dia em que Getúlio matou Allende*. 3. ed. Rio de Janeiro: Record, 2004.

TRAQUINA, N. *O estudo do jornalismo no século XX*. São Leopoldo: Unisinos, 2001.

TRAVANCAS, I. S. *O mundo dos jornalistas*. São Paulo: Summus, 1992.

_____. *O mundo dos jornalistas*. Ed. revista, atualizada e ampliada. São Paulo: Summus, 2011.

VENTURA, Z. *1968: o ano que não terminou*. Rio de Janeiro: Nova Fronteira, 1988a.

_____. "Um jornalista de estilo". *Jornal do Brasil*, Rio de Janeiro, 8 out. 1988. Disponível em: <http://literal.terra.com.br/zuenir_ventura/bio_biblio/sobre_ele/imprensa/10um_jornalista_de_estilo.shtml?bio>. Acesso em: 12 jun. 2007.

_____. "Suave vampiro da juventude". *Revista Imprensa*, dez. 1989. Entrevista concedida a Beatriz Horta e Gabriel Priolli. Disponível em: <http://portalliteral.terra.com.br/zuenir_ventura/bio_biblio/sobre_ele/imprensa/05suave_vampiro_da_juventude.shtml?bio>. Acesso em: 12 jun. 2007.

_____. *Cidade partida*. São Paulo: Companhia das Letras, 1994.

_____. *Inveja: mal secreto*. Rio de Janeiro: Objetiva, 1998.

_____. "Pecado inconfessável". *Jornal do Brasil*, Rio de Janeiro, 16 ago. 1998. Entrevista concedida a Regina Zappa. Disponível em: <http://portalliteral.terra.com.br/zuenir_ventura/bio_biblio/sobre_ele/imprensa/02pecado_inconfessavel.shtml?bio>. Acesso em: 12 jun. 2007.

_____. *Chico Mendes: crime e castigo*. São Paulo: Companhia das Letras, 2003.

_____. *Minhas histórias dos outros*. São Paulo: Planeta, 2005.

_____. "Sobre jornalismo: trechos de artigos, palestras, discursos e aulas". *Caderno Z*. Disponível em: <http://literal.terra.com.br/literal/calandra.nsf/0/AFC2D81878533306D832 56C75006A090A?OpenDocument&pub=T&proj=Literal&sec=Mestre%20Zu>. Acesso em: 12 jun. 2007.

WEBER, M. *Sociologia e política: duas vocações*. 4. ed. São Paulo: Cultrix, 1985.

Documentos e obras consultadas sobre os jornalistas-intelectuais

Adísia Sá

CHAPARRO, M. C. "Em Adísia Sá, a palavra que gera e perpetua". *Jornal Intercom Notícias*, ano 2, n. 24, 22 set. 2006.

LIMA, M. E. O. "Adísia Sá, uma biografia". Resenha publicada na *Revista Brasileira de Inovação Científica em Comunicação (Inovcom)*, v. 1, n. 2, 2006.

SÁ, A. *Ensino de jornalismo no Ceará*. Fortaleza: UFC, 1979.

Alberto Dines

DINES A. "Escritor aceso, jornalista ligado" (Pósfácio). In: ROTH, J. *Berlim*. São Paulo: Companhia das Letras, 2006.

_____. "Stefan Zweig: um pacifista como Freud". *Observatório da Imprensa*. Entrevista concedida a *Com Ciência*. Disponível em: <http://www.tvbrasil.org.br/observatoriodaimprensa/sobre_dines/zweig.htm>. Acesso em: 8 fev. 2007

Antônio Hohlfeldt

HOHLFELDT, A. C. "Antonio Carlos Hohlfeldt". *Currículo do Sistema de Currículos Lattes*. Disponível em: <http://buscatextual.cnpq.br/buscatextual/visualizacv.jsp?id=S1726>. Acesso em: 30 jul. 2008.

_____. "As origens antigas: a comunicação e as civilizações". In: MARTINO, L. C.; FRANÇA, V. V.; HOHLFELDT, A. C. (orgs.). *Teorias da comunicação: conceitos, escolas e tendências*. Petrópolis: Vozes, 2001, p. 61-98.

WIKIPÉDIA. "Antônio Hohlfeldt". Disponível em: <http://pt.wikipedia.org/wiki/Ant%C3%B4nio_Carlos_Hohlfeldt>. Acesso em: 30 jul. 2008.

Carlos Chagas

CASTRO, A. A. "Carlos Chagas se aposenta". *UnB Agência*, Brasília, 28 out. 2004. Disponível em: <www.secom.unb.br/unbnoticias/un1104-p12.htm>. Acesso em: 4 dez. 2007.

Carlos Heitor Cony

CONY, C. H. "Entrevista a Sex Way". *Revista Sex Way*, 1º ago. 2000. Disponível em: <http://www.carlosheitorcony.com.br>. Acesso em: 10 out. 2007.

_____. "Entrevista a Daniel Piza". In: PIZA, D. *Perfis e entrevistas: escritores, artistas, cientistas*. São Paulo: Contexto, 2004.

_____. "Ainda não encontrei profundidade". *Revista Entrelivros*, n. 3, 6 jan. 2005. Entrevista concedida a Josélia Aguiar. Disponível em: <http://www.carlosheitorcony.com.br>. Acesso em: 10 out. 2007.

_____. "Carlos Heitor Cony fala de arte, literatura e conta como a política passou a fazer parte de sua vida". *Revista Cult*, n. 100, 3 mar. 2006. Entrevista concedida a Carlos Haag Disponível em: <http://www.carlosheitorcony.com.br>. Acesso em: 10 out. 2007.

_____. "Carlos Heitor Cony: resumo biográfico e bibliográfico". s/d. *Projeto releituras*. Disponível em: <http://www.releituras.com/cony_bio.asp>. Acesso em: 10 out. 2007.

GRILLO, C. "Carlos Heitor Cony é eleito como imortal da ABL". *Folha de S.Paulo*, São Paulo, 28 abr. 2000. Disponível em: <http://www.carlosheitorcony.com.br>. Acesso em: 10 out. 2007.

Juremir Machado da Silva

Silva, J. M. "Entrevista à Record.com". Grupo Editorial Record, 13 set. 2004. Disponível em: <http://www.record.com.br/entrevista.asp?entrevista=43>. Acesso em: 20 ago. 2007.

_____. "Juremir Machado da Silva". Adonline, 24 ago. 2005. Entrevista concedida ao Saia Justa. Disponível em: <http://www.adonline.com.br/ad2005/saiajusta_detalhe.asp?id=16>. Acesso em: 20 ago. 2007.

_____. "Juremir Machado da Silva". *Currículo do Sistema de Currículos Lattes*. s/d. Disponível em: <http://dgp.cnpq.br/buscaoperacional/detalhepesq.jsp?pesq=2393503669129057>. Acesso em: 12 jun. 2007.

_____. "As antas de cada um". *Revista Press Advertising*, n. 113. s/d. Disponível em: <http://www.revistapress.com.br/root/materia_detalhe.asp?mat=93>. Acesso em: 23 fev. 2008.

Mino Carta

Carta, M. Blogue do Mino. Disponível em: <http://blogdomino.blig.ig.com.br/>.

Raimundo Pereira

Pereira, R. "Entrevista: Vai Raimundo, ser gauche na vida". *Jornal Opção*, mar. 2005. Disponível em: <http://www.jornalopcao.com.br/index.asp?secao=Especiais&subsecao=Especiais&idjornal=177&idesp=20>. Acesso em: 14 jun. 2007.

_____. "Raimundo Pereira: um grande repórter". Núcleo Piratininga de Comunicação, 1º maio 2006. Entrevista concedida a Bruno Zornitta e Marcela Figueiredo. Disponível em: <http://www.piratininga.org.br/novapagina/leitura.asp?id_noticia=2297&topico=Entrevistas>. Acesso em: 18 jan. 2008.

Zuenir Ventura

Konder, L. "Para escapar da repetição". *Jornal do Brasil*, Rio de Janeiro, 8 out. 1988. Disponível em: <http://portalliteral.terra.com.br/zuenir_ventura/bio_biblio/sobre_ele/imprensa/09para_escapar_da_repeticao.shtml?bio>. Acesso em: 12 jun. 2007.

Noronha, L. "Carinho de mestre". *O Globo*, Rio de Janeiro, 24 jan. 1999. Disponível em: <http://portalliteral.terra.com.br/zuenir_ventura/bio_biblio/sobre_ele/imprensa/01carinho_de_mestre.shtml?bio>. Acesso em: 12 jun. 2007,

Pinheiro, F. e Vieira M. "Um estranho no ninho dos pobres". *Veja Rio*, Rio de Janeiro, 7 set. 1994. Disponível em: <http://portalliteral.terra.com.br/zuenir_ventura/bio_biblio/sobre_ele/imprensa/03um_entranho_no_ninho.shtml?bio>. Acesso em: 12 jun. 2007.

Ventura, Z. "Entrevista: No coração da selva". *Revista Leia*, julho de 1989. Disponível em: <http://portalliteral.terra.com.br/zuenir_ventura/bio_biblio/sobre_ele/imprensa/06no_coracao_da_selva.shtml?bio>. Acesso em: 12 jun. 2007.

_____. "Entrevista a Cristiane Henriques Costa". *Pena de aluguel*, 2005. Disponível em: <http://www.penadealuguel.com.br/zuenir>. Acesso em: 12 jun. 2007.

_____. "Cronologia". *Portal literal*. s/d. Disponível em: <http://portalliteral.terra.com.br/zuenir_ventura/bio_biblio/cronologia/cronologia.shtml?bio>. Acesso em: 12 jun. 2007.

------------------------------ dobre aqui ------------------------------

CARTA-RESPOSTA
NÃO É NECESSÁRIO SELAR

O SELO SERÁ PAGO POR

AC AVENIDA DUQUE DE CAXIAS
01214-999 São Paulo/SP

------------------------------ dobre aqui ------------------------------

CADASTRO PARA MALA DIRETA

Recorte ou reproduza esta ficha de cadastro, envie completamente preenchida por correio ou fax, e receba informações atualizadas sobre nossos livros.

Nome: _____ Empresa: _____

Endereço: ☐ Res. ☐ Coml. _____ Bairro: _____

CEP: _____-_____ Cidade: _____ Estado: _____ Tel.: (___) _____

Fax: (___) _____ E-mail: _____

Profissão: _____ Professor? ☐ Sim ☐ Não Disciplina: _____ Data de nascimento: _____

1. Você compra livros por meio de:
☐ Livrarias ☐ Feiras
☐ Telefone ☐ Correios
☐ Internet ☐ Outros. Especificar: _____

2. Onde você comprou este livro? _____

3. Você busca informações para adquirir livros:
☐ Jornais ☐ Amigos
☐ Revistas ☐ Internet
☐ Professores ☐ Outros. Especificar: _____

4. Áreas de interesse:
☐ Educação ☐ Administração, RH
☐ Psicologia ☐ Comunicação
☐ Corpo, movimento e saúde ☐ Literatura, Poesia, Ensaios
☐ Comportamento ☐ Viagens, *Hobby*, Lazer
☐ PNL ☐ Cinema

5. Nestas áreas, alguma sugestão para novos títulos? _____

6. Gostaria de receber o catálogo da editora? ☐ Sim ☐ Não

Indique um amigo que gostaria de receber a nossa mala direta

Nome: _____ Empresa: _____

Endereço: ☐ Res. ☐ Coml. _____ Bairro: _____

CEP: _____-_____ Cidade: _____ Estado: _____ Tel.: (___) _____

Fax: (___) _____ E-mail: _____

Profissão: _____ Professor? ☐ Sim ☐ Não Disciplina: _____ Data de nascimento: _____

Summus Editorial
Rua Itapicuru, 613 7º andar 05006-000 São Paulo - SP Brasil Tel.: (11) 3872-3322 Fax: (11) 3872-7476
Internet: http://www.summus.com.br   e-mail: summus@summus.com.br